# Fahrradlust Rhein-Main

## 27 Traumtouren
für Pedalritter und E-Bike-Entdecker

 ***GPS-Daten zum Download***
www.kompass.de/gps

Kostenloser Download der GPS-Daten der im Fahrradbuch enthaltenen Fahrradtouren.

# INHALT

Inhalt und Tourenübersicht ........................................................ 4–5

Übersichtskarte ................................................................ 6–7

Wissenswertes ................................................................ 8–13

Tourenbeschreibungen ........................................................ 16–235

Gps-Daten & Impressum ....................................................... 236–240

# TOURENÜBERSICHT

| | | | |
|---|---|---|---|
| 1 | Oberursel nach Usingen | 50,2 km | 16 |
| 2 | Bad Vilbel nach Bad Nauheim | 34,6 km | 24 |
| 3 | Frankfurt nacch Aschaffenburg | 51,9 km | 32 |
| 4 | Frankfurt Lohberg nach Büdingen | 41,9 km | 40 |
| 5 | Bad Vilbeler | 30,5 km | 48 |
| 6 | Lorsbach im Taunus | 35,2 km | 56 |
| 7 | Frankfurts Westen | 23,5 km | 64 |
| 8 | Frankfurts Hausberg | 20,5 km | 72 |
| 9 | Frankfurt Bockenheim nach Hochheim | 41,1 km | 80 |
| 10 | Neue Altstadt Frankfurt | 36,5 km | 88 |
| 11 | Offenbach am Rhein | 30,8 km | 96 |
| 12 | Hanau-Steinheim | 23,3 km | 104 |
| 13 | Frankfurter Stadtwald | 16 km | 112 |
| 14 | Flughafen Frankfurt | 24,8 km | 120 |

ALL DAS MACHT MIR
# Fahrradlust

| | | | |
|---|---|---|---|
| 15 | Langen nach Frankfurt | 24,3 km | 128 |
| 16 | Mainz | 37,5 km | 138 |
| 17 | Gau-Algesheim | 19,8 km | 146 |
| 18 | Bingen nach St. Goar | 28,5 km | 152 |
| 19 | Wörrstadt | 31,4 km | 162 |
| 20 | Bad Münster | 27,2 km | 170 |
| 21 | Messel | 24,4 km | 176 |
| 22 | Rödermark nach Michelstadt | 50 km | 184 |
| 23 | Bürgstadt nach Aschaffenburg | 43,1 km | 192 |
| 24 | Gemünden nach Klingenberg | 101,1 km | 200 |
| 25 | Würzburg nach Gemünden | 46,2 km | 210 |
| 26 | Worms | 50,2 km | 220 |
| 27 | Frankenthal | 25,8 km | 228 |

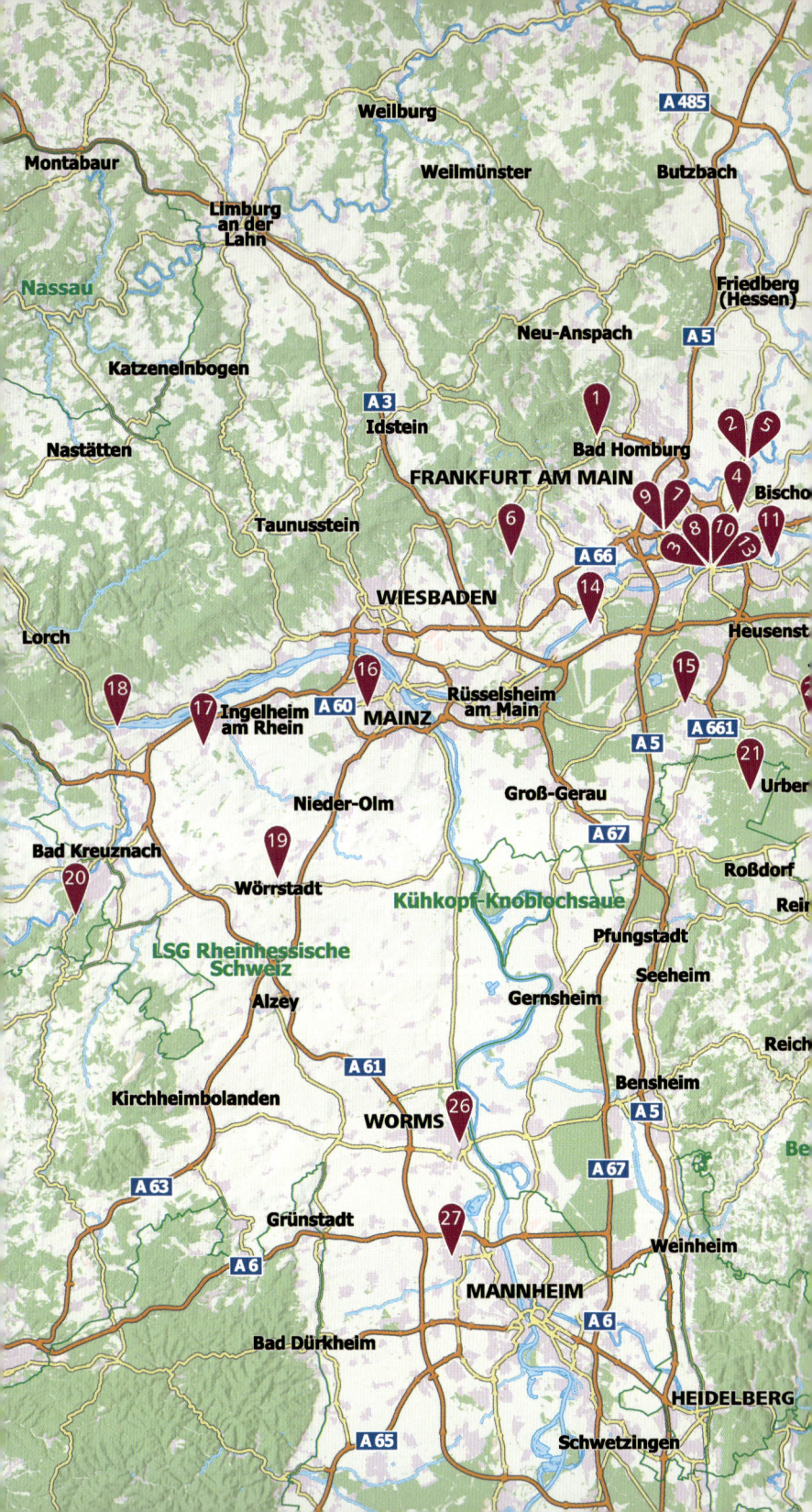

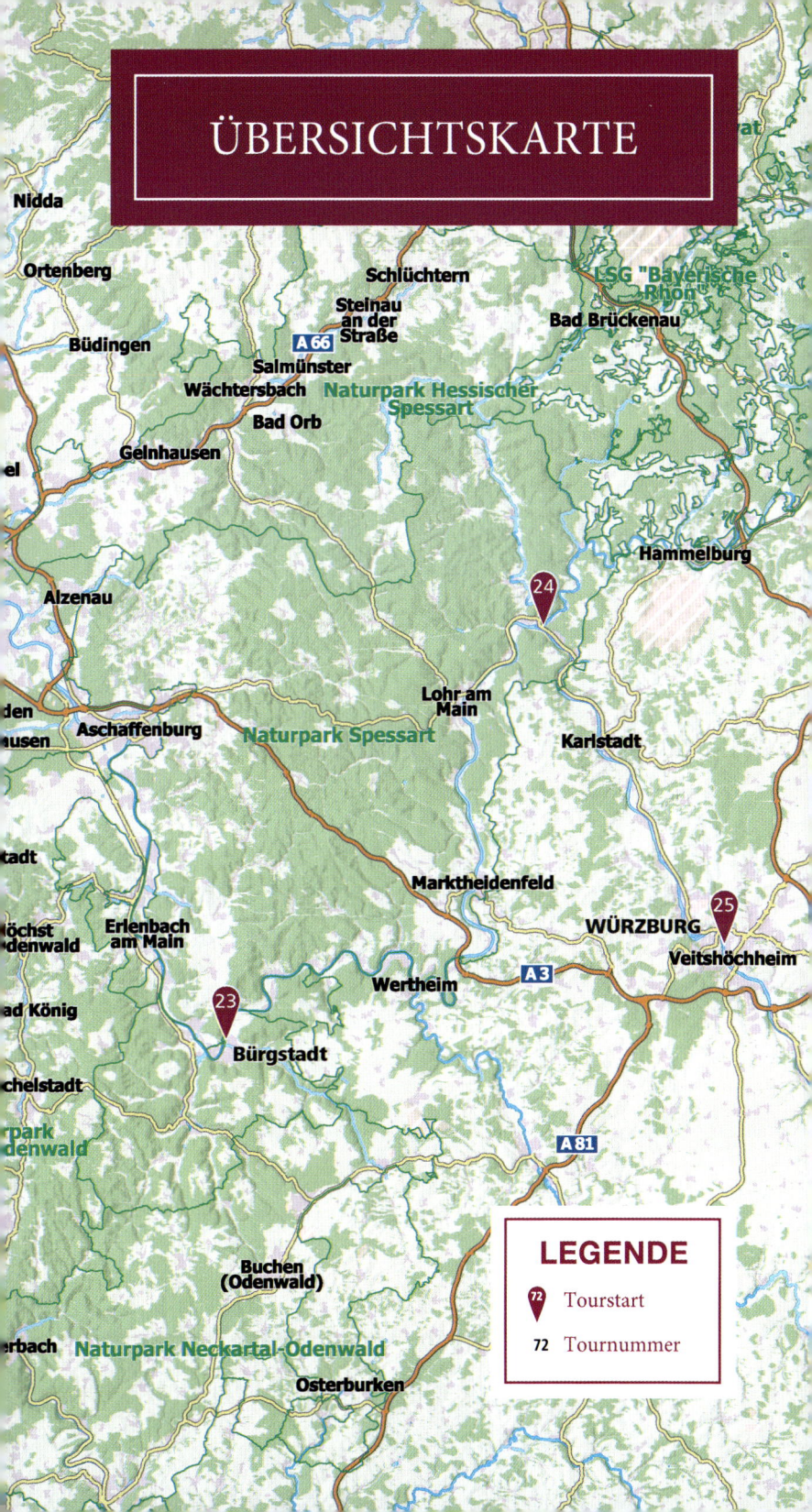

## WISSENSWERT – PRAKTISCH
# Tourenplanung

Ohne große Erfahrung plant man am Anfang besser eher kürzere Touren. Wenn man sein Konditionslevel nicht kennt ist es hilfreich, vorab mit beladenem Tourenrad eine Testfahrt zu unternehmen. Dabei sollte man möglichst ohne große Anstrengung fahren, da es auf die Ausdauer und nicht auf die Geschwindigkeit ankommt. So wird schnell klar, bei welcher durchschnittlichen Tageskilometer-Leistung die eigene Komfortzone liegt und was die Stärken und Schwächen des Rades und der Sitzposition sind. Des Weiteren gilt es, regelmäßig Pausen einzuplanen und nicht vergessen sich zu verpflegen.

Wie viele Kilometer schafft man? Pauschal kann dies nicht beantwortet werden, da zu viele Faktoren eine Rolle spielen wie unter anderem die eigene Kondition, das Gepäck, die zu überwindenden Höhenmeter oder auch das Wetter. Starker Gegenwind kann die Durchschnittsgeschwindigkeit halbieren. Mit dem E-Bike kann die Distanz schnell um 20 bis 30 % oder sogar 50 % und mehr gesteigert werden. Die nachfolgende Auflistung zeigt Erfahrungswerte, also Tages-Distanzen in Abhängigkeit vom Konditionslevel für Radtouren in ebenem bis mäßig hügeligem Gelände und dient der groben Orientierung:

| | |
|---|---|
| < 30 km | relativ einfach (Anfänger und Etappen mit Kindern) |
| 30–40 km | gemütlich (häufige Pausen und größere Gruppen) |
| 40–50 km | durchschnittlich (ab 50 km sind Sportliche gut dabei) |
| 50–80 km | erhöhte Kondition (nach Training gut machbar) |
| 80–120 km | gute Kondition (mit viel Gepäck benötigt man für 120 Kilometer den ganzen Tag) |
| > 120 km | sehr gute Kondition |

## Anreise mit dem Zug

Umweltfreundlich, mit Freunden als Gruppe und ohne Stau. Mit genügend Vorlaufzeit und Planung gelingt die An- und Abreise mit dem Zug problemlos. Die Frage, wie man nach der Radtour das am Start abgestellte Auto erreicht, stellt sich erst gar nicht. Informationen bieten die folgenden Adressen.

Die Fahrradmitnahme kann je nach Anbieter und Verbindung variieren und sollte vorab geprüft werden.

Alle Informationen über die Mitnahme des Fahrrads bei der Deutschen Bahn:
**www.bahn.de**

Informationen über die Fahrradmitnahme in den Zügen der Österreichischen Bundesbahnen:
**www.oebb.at**

# Notruf

Über die kostenlose Telefonnummer 112 erreichst du in ganz Deutschland automatisch die nächstgelegene Rettungsleitstelle und kannst dort Unfälle, medizinische Notfälle oder Feuer melden – und zwar sowohl aus dem Fest- als auch aus jedem Mobilfunknetz. Wenn du die 112 wählst, ist für die Rettungskräfte sehr wichtig, dass du den Notfall knapp und präzise beschreibst. Dabei können dir die sogenannten W-Fragen helfen:

- Wo ist der Notfall/Unfall passiert?
- Was ist geschehen?
- Wie viele Verletzte gibt es?
- Welche Art der Verletzung?

# Wettervorhersage

Deutscher Wetterdienst
**www.dwd.de**
Wetter im Internet
**www.wetteronline.de**
**www.wetter24.de**
**www.tagesschau.de/wetter/deutschland**
**www.wetter.com**
**www.wetter.tv/de-DE**

VORBEREITUNG
# Tipps vom Experten

Die Profis von Diamant blicken auf eine über 135-jährige Geschichte zurück. Für uns haben sie das Wichtigste zusammengeschrieben, damit die Fahrradtour gelingt.

**Checkliste vor jeder Fahrt:**

- Lenker und Vorbau kontrollieren
- Laufräder prüfen (Reifendruck, Befestigung etc.)
- Bremsen testen (Bremsbelag, Scheiben, Felgen etc.)
- Kettenspannung überprüfen
- Sattel (Sitz) und Sattelstütze kontrollieren
- Federung prüfen und Wartungsintervall checken
- Beleuchtung und Reflektoren sicherstellen
- Rahmen und Gabel begutachten
- Akku beim Elektrorad prüfen
- Pannenset & Kompatibilität kontrollieren

Die Länge einer Tour hängt von vielen Faktoren ab. Insbesondere von der eigenen Kondition, der Motivation, den Wetter- und Wegbedingungen und natürlich auch von den Wegbegleitern. Greift man auf ein Elektrorad zurück, sind weitere Faktoren zu beachten. Es ist sowohl vor Antritt als auch während einer Fahrt schwierig, die Reichweite der Akkuladung exakt vorherzusagen. Allgemein gilt jedoch:

Bei gleichem Unterstützungslevel des E-Bike-Antriebs: Je weniger Kraft du einsetzen musst, um eine bestimmte Geschwindigkeit zu erreichen (z. B. durch optimales Benutzen der Schaltung), umso weniger Energie wird der Antrieb verbrauchen und umso größer wird die Reichweite einer Akkuladung sein. Je höher der Unterstützungslevel bei ansonsten gleichen Bedingungen gewählt wird, umso geringer ist die Reichweite.

# Spezielles zum Elektrorad

- Ganz wichtig: Mach dir bewusst, dass andere Verkehrsteilnehmer womöglich nicht damit rechnen, dass ein Elektrorad schneller fahren kann als ein herkömmliches Fahrrad. Außerdem erhöht eine schnellere Geschwindigkeit das Unfallrisiko.
- Überlaste den hinteren Gepäckträger nicht. Die maximal erlaubte Zuladung des hinteren Gepäcksträgers beträgt in der Regel 20 bis 25 Kilogramm.
- Reinige das E-Bike niemals mit einem Hochdruckreiniger. Die elektrischen Komponenten sind feuchtigkeitsempfindlich. Unter Hochdruck auftreffendes Wasser kann in Steckverbindungen und andere Teile des Elektrosystems eindringen.
- Akku vor längerer Nichtbenutzung auf bis etwa 60 % aufladen (normalerweise 3 bis 4 LEDs der Ladezustandsanzeige). Nach 6 Monaten den Ladezustand prüfen. Leuchtet nur noch eine LED der Ladezustandsanzeige, Akku wieder auf bis etwa 60 % aufladen.
- Es ist nicht empfehlenswert, den Akku dauerhaft am Ladegerät angeschlossen zu lassen.
- Wird der Akku längere Zeit in leerem Zustand aufbewahrt, kann er trotz der geringen Selbstentladung beschädigt und die Speicherkapazität stark verringert werden.

## PRAKTISCH
# Eingepackt

Was muss mit? Die Packliste hilft bei dieser Frage. Individuelle Anpassungen sind erforderlich, da jede Radreise einzigartig ist. Beutel und Packsäcke sorgen für Ordnung in den Packtaschen.

**NAVIGATION**
- Kartenmaterial, Radreiseführer
- Handy (Ladekabel, Akkus)
- GPS-Fahrradcomputer (Ladekabel, Akkus prüfen)

**ALLGEMEINES**
- Ausweise, Papiere, Telefonnummern
- Reisedokumente
- Bargeld, EC-Karte, Kreditkarte
- Stift & Notizbuch
- Stirnlampe/Taschenlampe (Ladekabel, Akkus prüfen)
- Wasserdichte Schutzhüllen fürs Handy und Wertsachen
- Powerbank (mobile Stromversorgung)

**FAHRRADSPEZIFISCH**
- Tacho/Fahrradcomputer
- Getränkeflasche/ Schlauch-Trinksystem
- Fahrradlicht vorne & hinten
- Fahrradwerkzeug für Standardreparaturen & Flickzeug
- Ersatzschlauch & Reifenheber
- Luftpumpe, Lappen
- Schloss
- E-Bike-Ladegerät nicht vergessen!

**NOTIZEN**

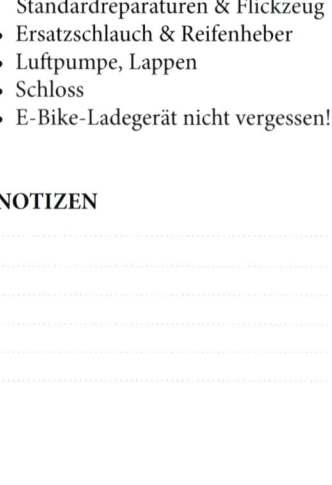

## KLEIDUNG & SCHUTZ
- Tages- & Wechselkleidung
- Gepolsterte Radunterhose
- Leichte Isolationsjacke
- Regenjacke und Regenhose
- Eventuell Badezeug
- Radtourenschuhe
- Wechselschuhe oder Sandalen
- Sport-, Sonnenbrille (bruchsicher)
- Helm
- Unterhelmstirnband/-mütze
- Schlauchtuch/Buff
- Fahrradhandschuhe

## REISEAPOTHEKE
- Erste-Hilfe-Set
  (ergänzt um persönliche Medikamente)
- Desinfektionsmittel, Mundschutz, Seife
- Pflaster/Stretchverband
- Sonnen- & Insektenschutz
- Augentropfen
- Ohrstöpsel

## SONSTIGES
- Ersatzbrille
- Fotoapparat
  (Speicherkarte & Akkus prüfen)
- Unterhaltung: Buch, Spielkarten, Zeitschrift …
- Kopfhörer
- Feuerzeug & Taschenmesser
  (optimal mit Schere)
- Spülmittel, Schwamm und Geschirrtuch
- Campingausrüstung
  (falls erforderlich)
- Geschirr & Besteck

# TOUREN 01 – 27
## Beschreibungen

*Von Oberursel nach Usingen*

# 1 BUCHFINKEN AUF DER SPUR

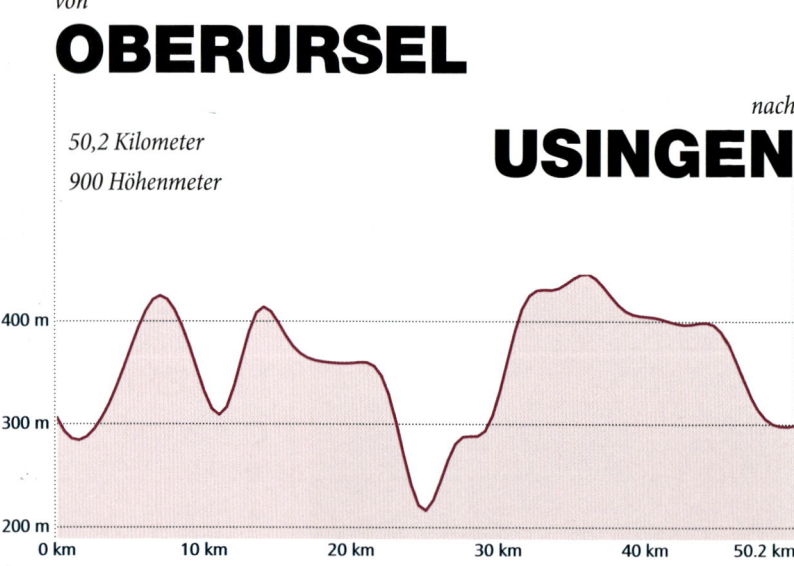

*von*
## OBERURSEL

*nach*
## USINGEN

*50,2 Kilometer*
*900 Höhenmeter*

*Am Grünwiesenweiher ist es schön schattig*

Es geht stark bergauf bis zur Saalburg, wo wir uns bei einem kühlen Getränk ausruhen. Auf dem Limes-Radweg sehen wir Wachtürme und das Kleinkastell Lochmühle mit angeschlossenem Freizeitpark. An den Eschbacher Klippen machen wir ein Picknick. Unsere Tour mündet in die Buchfinkenstadt Usingen.

Anspruchsvolle Tour am Rande des Taunus-Gebirges, ständiges Auf und Ab. Man quert Limes Radweg, Hessischen Fernradweg R6 und Weiltalradweg. Optional Verlängerung über Usatalradweg nach Weiltal oder nur Buchfinkenroute vom Usinger Bahnhof aus. Die Tour kann ab Usinger Bahnhof als Runde (37 km) gefahren werden. Anreise ab Frankfurt mit der Taunusbahn. E-Bike-Ladestation in der Wehrheimer Mitte an der Tourist-Information.

Als Einstieg für diese Tour haben wir den P+R Hohemark im Norden von Oberursel gewählt. Das ist ein beliebter Startpunkt für Wanderer, Spaziergänger und Radfahrer. Im hier ansässigen Taunus-Informationszentrum kann man sich über die Umgebung informieren, E-Bikes leihen oder im Boulderwald verausgaben. Auch Einkehrmöglichkeiten und Toiletten sind vorhanden. Unser Ausgangspunkt befindet sich gleichfalls am unmittelbaren Rand der Höhenzüge des Taunus-Gebirges, was bedeutet, dass wir schon im ersten Abschnitt der Strecke einen größeren Anstieg überwinden müssen.

# Highlights
## am Wegesrand

**1894**
wurde das Forellengut Herzberger gegründet, das einst zu den königlich-kaiserlichen Hoflieferanten zählte. Forelle ist im Taunus eine typische Spezialität.

**120**
Fahrgeschäfte sowie Tiere und Landwirtschaft gibt es im Freizeitpark Lochmühle zu entdecken. Dieser befindet sich auf dem Gelände des Kleinkastells Lochmühle.

**12**
Meter hoch sind die Eschbacher Klippen. Sie erstrecken sich quer durch das Usatal.

Der Taunus bietet seinen Besuchern die spannende Kombination von großer Geschichte mit ihren zeitzeugenden Denkmälern und interessanten Ausflugszielen, umgeben von teils unberührter Naturlandschaft. Heute trägt die gesamte Region ihre beiden historischen Bezeichnungen gleichzeitig: „Taunus. Die Höhe." Weil er voller Höhepunkte ist – und vieles auf hohem Niveau bietet. Natur, Kultur, Attraktionen, Sport, Erholung und jede Menge Genuss.

Über moderat befahrbare Wanderwege führt unsere Route zunächst Richtung Saalburg. Wir passieren zwei Mammutbäume am Frankfurter Forsthaus. Die beiden Sequoia-Bäume wurden vermutlich im Jahr 1848 gepflanzt, sie haben einen Durchmesser von gut zwei Metern. Anschließend fahren wir an der Hardertsmühle, einem ehemaligen Ausflugslokal, vorbei, von wo aus wir zum Forellengut Herzberger abbiegen können.

Nach etwa einer Stunde Fahrzeit erreichen wir das einzige wiederaufgebaute Römerkastell der Welt. Das Römerkastell Saalburg (Saalburg 1, 61350 Bad Homburg vor der Höhe) liegt auf einer Höhe von etwa 460 Metern. Hier machen wir eine Pause, besichtigen das

*Pause für Kletterfans – die Eschbacher Klippen*

Kastell und bleiben auf ein erfrischendes Getränk im Biergarten des preisgekrönten Landgasthofs Saalburg.

Für uns geht es weiter auf dem Limes-Radweg. Rund 100 km des insgesamt über 800 km langen Radwegs führen im Taunus von West nach Ost, von Heidenrod nahe der Grenze zu Rheinland-Pfalz bis Pfaffenwiesbach bzw. Butzbach in der Wetterau. Auf unserem Abschnitt passieren wir mehrere Wachtürme und das Kleinkastell Lochmühle, wo auch der Freizeitpark Lochmühle angeschlossen ist.

Bei Wehrheim biegen wir Richtung Usingen ab, um auf die Buchfinkenroute zu gelangen. Wer sich an dieser Stelle schon genug ausgepowert hat, der kann von unserer Route abfahren und kurz vor dem Sportplatz Oberloh in Wehrheim nach Usingen abbiegen oder einen kleinen Abstecher nach Neu-Anspach machen. Für Naschkatzen liegt an der Abzweigemöglichkeit Richtung Usingen oder Neu-Anspach ein großes Erdbeerfeld, das in der Regel ab Ende Mai geöffnet hat. Dort gibt es herrlich schmeckende Erdbeeren zum direkten Verzehr oder zum Mitnehmen.

Auf der Buchfinkentour erleben wir Taleinschnitte und Höhenzüge gleichermaßen. Insgesamt stehen uns jetzt noch einmal knapp 500 Höhenmeter

und rund 32 km bevor. Diese verlaufen hauptsächlich durch Waldgebiete und an Waldrändern entlang. Entlang der Strecke befinden sich zahlreiche Sehenswürdigkeiten. Wir halten zunächst am Schloss Kransberg (Schloßstraße 1, 61250 Usingen). Das historische Gemäuer ist inzwischen vollständig restauriert und Austragungsort für Veranstaltungen. Kurz darauf, zwischen Kransberg und Wernborn ist die Buchfinkenroute mit dem Usatalradweg verknüpft. Hier besteht der Anschluss in das Weiltal über den Weiltalradweg. Eine schöne Verlängerungsmöglichkeit für Sportliche. Die Besichtigung der barocken Residenzstadt Wernborn ist ein echter Höhepunkt.

Wir bleiben unserer Route treu und steuern die Eschbacher Klippen an. Bevor wir zu diesen abbiegen, durchfahren wir den Ort Eschbach, wo die Einkehr in die „Eschbacher Katz" (Michelbacher Str. 2, 61250 Usingen) zu empfehlen ist. Wir stärken uns hier mit einer veganen Spargel-Gnocchi-Pfanne. An den Eschbacher Klippen passieren wir einen Parkplatz, wo grüne Schilder auf Alternativrouten der Buchfinkenroute aufmerksam machen. Die Eschbacher Klippen bilden zu der sanfthügeligen Landschaft des Taunus' einen starken Kontrast. Steil aufragende bis 12 Meter hohe Felsen aus Quarzgestein sind Teil eines etwa 6 Kilometer langen Quarzganges, der sich quer durch das Usatal

Eindrucksvolle Felswand

erstreckt. Bei Wilhelmsdorf können wir einer Alternativroute folgen, die zum Hattsteinweiher führt. Hier finden wir eine Badestelle mit etwa 4.500 qm Wiesen-Liegefläche. Zu empfehlen ist das nahe gelegene Tennisrestaurant „Lava" (Am Hattsteinweiher 2, 61250 Usingen), wo es von montags bis freitags einen sehr guten und preiswerten Mittagstisch gibt (Mittwoch Ruhetag). Wir halten Kurs auf den idyllisch gelegenen Grünwiesenweiher, der zum Rasten einlädt. Im Wald befindet sich eine verborgene Kreuzkapelle.

Schließlich endet unsere Tour in Usingen. Die Stadt ist auch bekannt als Buchfinkenstadt. Das im Jahr 1938 durch Theo Geisel verfasste Buchfinkenlied beschreibt den Heimatbegriff vom Usinger Land im östlichen Hintertaunus, dem Buchfinkenland. Das Lied vermittelt Geborgenheit, menschliche Nähe und Wärme. Durch den Buchfinkenball, die Buchfinkenmesse und den Buchpreis „Usinger Buchfink" ist der Begriff in das Bewusstsein der Bürger zurückgekehrt. Seit dem Jubiläumsjahr 2002 verschönern an verschiedenen Stellen in der Stadt bunte Buchfinken das Stadtbild. Ein Ausflug in die wunderschöne historische Altstadt lohnt sich aber auch unabhängig davon. Unsere Radtour beenden wir am Usinger Bahnhof, wo die S-Bahn-Linie 5 oder die Taunus-Bahn zurück nach Frankfurt fährt.

TOUR 1 BUCHFINKEN AUF DER SPUR

*Vom Bad Vilbeler Sprudel bis zum Kneippkurort Bad Nauheim*

# ²HEILENDE KRAFT DES WASSERS

von
## BAHNHOF BAD VILBEL

nach
## BAHNHOF BAD NAUHEIM

*34,6 Kilometer*
*160 Höhenmeter*

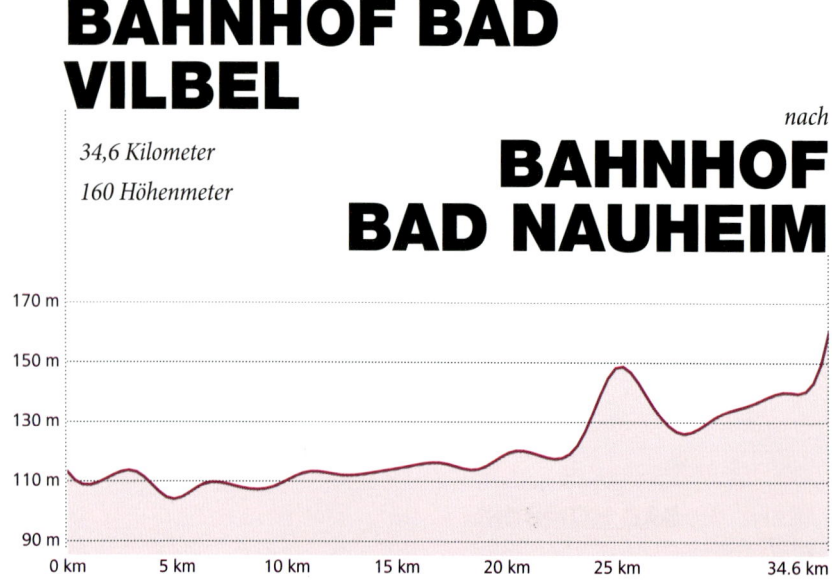

Blick auf die Trinkkuranlage in Bad Nauheim

Meeresluft schnuppern am Rande der Mainmetropole? Die Saline in Bad Nauheim macht das möglich. Zwischen den Kurorten Bad Vilbel und Bad Nauheim erleben wir wunderbare Landschaften und genießen den Fernblick auf den Feldberg. In Friedberg kommen Elvis-Presley-Fans auf ihre Kosten.

Gut geeignet für Familien, auch mit kleineren Kindern in Fahrradanhängern, geringe Steigungen. Route verläuft über Niddaradweg bis Niddatal, ab Friedberg über Usatalradweg

Wir fahren vom Bahnhof Bad Vilbel direkt zur sogenannten Neuen Stadtmitte Bad Vilbel mit der großen Bibliotheksbrücke, auf und um welche herum sich Cafés und Bars angesiedelt haben. Auch unterhalb dieser kann man gut auf den großen Sitzstufen am Ufer, der sogenannten „Nidda-Treppe", rasten und den Blick auf die grün umsäumte Nidda genießen. Die Konzeption der „Neuen Stadtmitte" war vom Charme der mittelalterlichen Stadtplätze in Italien und Deutschland inspiriert. Während man um den Marktplatz herum zahlreiche Geschäfte findet, stehen auf der anderen Uferseite alle Zeichen auf Erholung. Hier befindet sich das frisch sanierte Kurhaus mit der vorgelagerten Orangerie und dem Kurpark mit Springbrunnen und bunten Blumenbeeten.

Das Badehaus vor der Sanierung

Unser Radweg führt oberhalb dieser Szenerie auf einem Kamm entlang und Wegweiser machen uns schon auf die nächsten Höhepunkte Bad Vilbels aufmerksam: Nach kurzer Fahrt gelangen wir an die Wasserburg, auf der jährlich die überregional bekannten Burgfestspiele aufgeführt werden. Wir entdecken Skulpturenkunst am Wegesrand und den Burgpark, wo sich eine vom ADFC errichtete Reparaturstation befindet. An der nächsten Brücke haben wir die Möglichkeit, einen Abstecher nach rechts zum Dottenfelderhof (61118 Bad Vilbel) zu machen. Hier können wir Landwirtschaft und Tiere erleben und uns im Hofladen mit Backwaren, Käse, Obst und Gemüse sowie Fleisch eindecken.

Gleich darauf kommen wir am Römerbrunnen vorbei. Die staatlich anerkannte Heilquelle, deren Mineralwasser die Hassia Gruppe vertreibt, ist das Markenzeichen des Kurorts. Die Rede ist von einer sogenannten artesischen Quelle, deren Wasser stark kohlensäurehaltig ist. Hier am Römerbrunnen können wir erfahren, wie Technik und Naturkraft zusammenarbeiten. In pulsierenden Stößen schießt aus der artesischen Quelle Wasser

# Highlights
## am Wegesrand

**1987**
fanden an der Wasserburg in Bad Vilbel zum ersten Mal die Burgfestspiele statt. Auf dem Spielplan stand Dario Niccodemis Komödie „Scampolo". Die Burgfestspiele finden jährlich zwischen Mai und September statt.

**16**
Jedes Jahr um den 16. August, den Todestag von Elvis Presley, verwandeln sich die beschaulichen Städtchen Friedberg und Bad Nauheim in ein Meer aus Cadillacs, Petticoats und Elvis-Tollen.

**22**
Salzhaltiges Wasser besitzt einen Salzgehalt von gerade einmal 3 Prozent. Durch den Verdunstungsprozess an den Gradierbauten wird dieser auf 22 Prozent erhöht.

aus einer Tiefe von 287 Metern an die Erdoberfläche. Der Unterschied zu einem Geysir ist, dass der Wasserdruck durch eine Wasseransammlung zwischen zwei wasserundurchlässigen Schichten entsteht, das Wasser dann zum tiefsten Punkt läuft und anschließend an die Oberfläche drückt.

Für uns geht es auf dem neu ausgebauten Niddaradweg weiter Richtung Karben. Ohne große Steigungen genießen wir die renaturierte Flusslandschaft, halten Ausschau nach Bibern und Störchen, die man auf Höhe Gronau, wo der Nebenfluss Nidder in die Nidda mündet, besonders häufig beobachten kann. Nahe Klein-Karben erreichen wir einen Sitzkiesel – Erkennungszeichen dafür, dass wir uns auf einem vom Projekt Regionalpark RheinMain konzipierten Radweg befinden. Hier kann man eine kurze Rast einlegen und die Aussicht über Felder und Wiesen genießen. Da der Großteil der Tour noch vor uns liegt, treten wir in die Pedale und lassen unsere Blicke vom Drahtesel aus in die wunder-

Der berühmte Bad Vilbeler Römerbrunnen

schöne Natur schweifen. Wir können tief durchatmen und die Fahrt wirklich genießen, da der Weg keine nennenswerten Steigungen hat. Wir kommen an der Alten Mühle Okarben vorbei, wo wir der Beschilderung „Niddaradweg" bzw. „Hessischer Radfernweg R4" weiter folgen.

Wir radeln immer an der Nidda entlang, kreuzen nach knapp 17 Kilometern die Apfelwein- und Obstwiesenroute und können kurz vor Ilbenstadt den Feldberg in der Ferne sehen. Wer einen kleinen Umweg von etwa 4 km (Hin- und Rückweg) in Kauf nimmt, kann die Basilika von Ilbenstadt besichtigen, die auch der „Dom der Wetterau" genannt wird. Einkehren kann man dort auch wunderbar in der Klosterschänke, wo gutbürgerliches Essen serviert wird.

Bei Niddatal-Assenheim biegen wir auf den Usatalradweg ab und verlassen die Niddaroute. Unser Ausblick ist phänomenal: Weite Felder und die Frankfurter Skyline in der Ferne lassen den Kopf frei werden. Schon bald erreichen wir Friedberg. Wir schlängeln uns am Rande Friedbergs am Fluss, der Usa, entlang. In Friedberg gibt es nicht nur zahlreiche Möglichkeiten zum Einkehren, sondern auch eine Burg, die jederzeit besichtigt werden kann (Turmbesteigung zwischen April und Oktober samstags und sonntags sowie an Feiertagen zwischen 14 und 18 Uhr möglich). Oben angekommen wird man mit einer grandiosen Aussicht auf Vogelsberg, Taunus und Frankfurt belohnt. Friedberg hält noch mehr Höhepunkte bereit: Direkt am Radweg gelegen befinden sich eine Mikwe (jüdisches Ritualbad) aus dem Jahr 1260 und mehrere zusammenliegende Bahnviadukte.

Friedberg ist auch Anlaufpunkt für Elvis-Presley-Fans: Der „King of Rock 'n' Roll" war von Oktober 1958 bis März 1960 in den Friedberger „Ray Barracks", der Kaserne, stationiert. Neben einem Denkmal gibt es einschlägige Stadtrundgänge sowie das alljährliche Elvis-Weekend Mitte August, das Fans aus der ganzen Welt mit Sammler- und Fanständen und Musik anzieht. Die letzten etwa zwei Kilometer folgen wir weiter der Usa bis nach Bad Nauheim, wo uns Elvis Presley weiter verfolgt. Beispielsweise halten wir an einer Ampel mit Elvis-Presley-Ampelmännchen. In Bad Nauheim soll der „King of Rock 'n' Roll" gewohnt haben. Auch hier gibt es thematisch passende Stadtführungen.

Weiter zurück als der Besuch von Elvis reicht die Sole-Geschichte des Kurorts: Schon vor über 2.000 Jahren haben die Kelten hier umfangreiche Anlagen zur Salzgewinnung errichtet – eine Tradition, die bis in die Moderne reicht und von der heute noch insgesamt fünf Gradierbauten zeugen. Durch Zerstäuben der Sole entsteht die Meeresluft, die zahlreichen Kurgästen verordnet wird. Im Kneippkurort fahren wir bis zum Cafe am Ludwigsbrunnen (Zanderstraße 35, 61231 Bad Nauheim), aufgrund seiner hübschen Fachwerkoptik auch „Hexenhäuschen" genannt. Es befindet sich am Gradierbau III, der direkt am Usatalradweg liegt. Von März bis Oktober rieselt die Sole an den Gradierbauten – eine echte Wohltat. Die Weiterfahrt bis zum Sprudelhof, dem größten geschlossenen Jugendstilensemble Europas, lohnt sich. Auf dem kurzen Abschnitt zwischen Hexenhäuschen und Sprudelhof befinden sich weitere Gradierbauten und Kuranlagen. Beim Bahnhof Bad Nauheim beenden wir unsere Tour und können den Zug zurück nach Bad Vilbel nehmen.

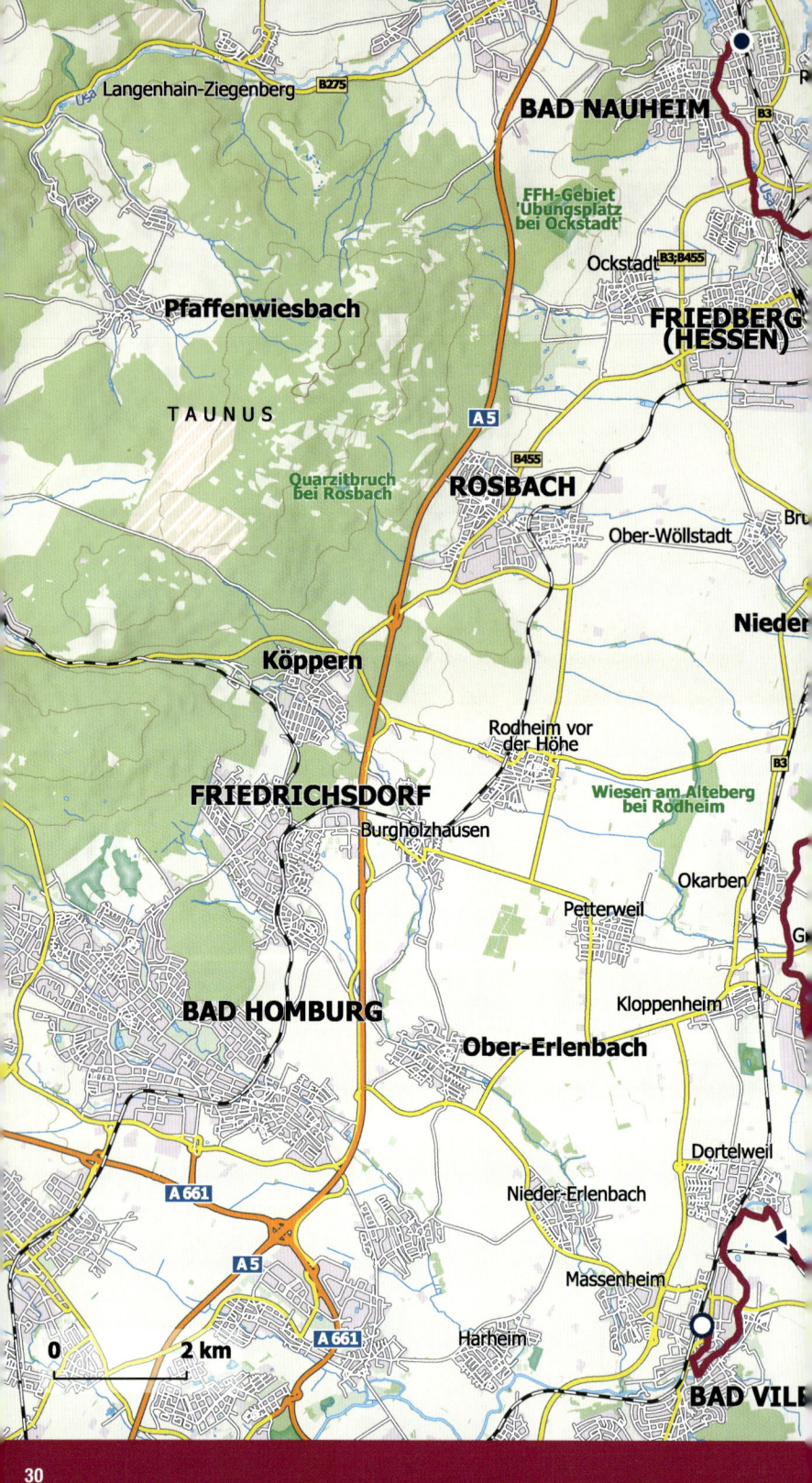

*Auf dem Mainradweg bis nach Aschaffenburg*

# ³ EIN KLASSIKER

Blick auf das Aschaffenburger Mainufer

*vom*
# FRANKFURTER LOKALBAHNHOF

*51,9 Kilometer*
*220 Höhenmeter*

*zum*
# HAUPTBAHNHOF ASCHAFFENBURG

Der Mainradweg ist nach Bewertung des ADFC der erste Fünf-Sterne-Radweg in Deutschland; er misst um die 500 Kilometer. Auf unserer Etappe überquert der Mainradweg die Landesgrenze zwischen Hessen und Bayern. Unter dem Motto „Zwischen Geschichte und Moderne" steht diese Etappe auf der offiziellen Webseite des Mainradwegs (mainradweg.com), weil die moderne Bankenmetropole auf historische Bauwerke trifft. Die offiziell empfohlene Streckenführung des Abschnitts 12 haben wir etwas verändert, um mehr Abwechslung zu schaffen.

Gut geeignet für Familien, auch mit kleineren Kindern. Mainufer an Feier- und Ferientagen stark frequentiert. E-Bike-Ladestation am Aschaffenburger Hauptbahnhof, An- und Abreise mit DB-Regio-Ticket Main-Spessart plus Frankfurt für den Main-Spessart-Express. Die Tour verläuft über GrünGürtel-Radweg, Regionalparkrundroute (rot-weiße Markierung) und Mainradweg (blau-grüne Schilder).

Feinste Industriekultur! Bereits an unserem Ausgangspunkt, dem Frankfurter Lokalbahnhof, kommen Freunde der Industriekultur auf ihre Kosten. Was nach Provinzbahnhof klingen mag, ist ein wichtiger Knotenpunkt in Frankfurt. Eine Vielzahl an Nah- und Fernverkehrszügen, Güterverkehr und andere Schienenfahrzeuge passieren den Lokalbahnhof täglich.

# Highlights
## am Wegesrand

**2**
Perlen modernster Architektur finden wir in unmittelbarer Nähe des Lokalbahnhofs, im Viertel der weltbekannten Frankfurter Partymeile Alt-Sachsenhausen: Das Wohn- und Arbeitsprojekt „Der kleine Mann mit dem Blitz" in der Rittergasse 11 und die raffiniert genutzte Baulücke in der Paradiesgasse 13.

**5**
Kilometer sind es von Klein-Auheim bis zum Wildpark Hanau. Wer einen Umweg nehmen möchte oder die ursprüngliche Tour beenden möchte, dem sei der Besuch des Wildparks mit Fasanerie sehr zu empfehlen.

**1989**
liefen, nach langem politischen Gerangel um den Bau, endlich die ersten Menschen über die Kilianusbrücke. In erster Linie war sie ein Steg für zahlreiche Bürger, die von Bayern nach Frankfurt oder Hanau zur Arbeit wollten.

Wir schlängeln uns durch eine etwas weniger belebte Straße bis zur Gerbermühlstraße vor, die parallel zum Mainufer verläuft und wo sich auch ein Fahrradweg befindet. Hier entlangzufahren lohnt sich insbesondere an Wochenenden und Feiertagen, wo es am Mainufer sehr voll werden kann. Wer lieber direkten Blick aufs Wasser haben möchte, kann natürlich auch den Uferweg nutzen. Sobald wir den EZB-Turm und Skyline im Rücken haben, biegen wir zwischen den „Ruderkneipen" und der Gerbermühle auf die Uferpromenade ein. Hier finden wir die Wegweiser „GrünGürtel-Radweg". In Offenbach angekommen lohnt ein Abstecher auf das Gelände der Heyne Fabrik (Ludwigstraße 180C, 63067 Offenbach am Main). Was 1869 eine neu gegründete Metallschrauben- und Präzisionsdrehteilfabrik der Gebrüder Heyne war, ist heute eine Vorzeigeimmobilie zum Thema Umnutzung in Offenbach und mit mehreren Architektur- und Denkmalschutzpreisen ausgezeichnet. Vom Radweg aus blicken wir außerdem auf das neu gestaltete Hafengelände in Offenbach.

Architektur an der Route, Heyne Fabrik in Offenbach

Wir setzen unsere Tour bis zum Isenburger Schloss (Schloßstraße 66, 63065 Offenbach am Main) fort, das direkt an der Uferstraße liegt und eine der schönsten Renaissancefassaden nördlich der Alpen besitzt. Am Mainbogen verlassen wir den Main und biegen auf die Regionalpark-Rundroute ab, die uns auf diesem Abschnitt auf einem gut asphaltierten Weg durch Felder und Wiesen führt. An der Bastion Rumpenheim landen wir wieder am Mainufer und erreichen nach der Unterquerung einer Bundesstraße den Hanauer Ortsteil Steinheim. Der Platz unterhalb des Maintors mit der alten Linde ist Ausgangspunkt für die Erkundung von Alt-Steinheim. Wir setzen unsere Tour bis nach Seligenstadt fort.

Vorbei an Klein-Auheim, wo sich ein Abstecher in den Wildpark Hanau (Fasaneriestraße 106, 63456 Hanau) anbietet. Der über 100 ha (das sind 1 Mio. Quadratmeter) große Wildpark ist ein echtes Highlight für die ganze Familie. Wir fahren hier besonders an heißen Tagen sehr gerne hin, da es dann im großen Waldgebiet deutlich angenehmer ist als in der Großstadt. Ein Besuch lohnt sich aber bei jedem Wetter. Wer möchte kann hier auch eine Wanderung unternehmen, es stehen 15 Kilometer Wanderwege zur Verfügung. Mit kleineren Kindern ist aber schon der Spaziergang zu den Wölfen und Wildschweinen ein weiter Weg. Besonders empfehlenswert sind außerdem das ausladende Hirschgehege mit Aussichtsturm (gegenüber gibt es auch einen Spielplatz mit majestätischen Holzsesseln, einem Tipi und einem Trampolin) sowie die Elche, die wirklich riesig sind. Beeindruckend schön sind die Goldfasane, die tatsächlich gold leuchten. Für Pferdefans gibt es auch eine Pony-Reitstation. Im

Gewaltige Vierflügelanlage – das Schloss Johannisburg

Wildpark werden verschiedene Führungen angeboten und es sind Verpflegungsstationen mit Eis, Waffeln oder Bratwurst vorhanden.

Für uns ist es nicht mehr weit, bis wir die Anlegestelle der Fähre in Seligenstadt erreichen. Sie ist der beste Ausgangspunkt für die Besichtigung der Einhardsbasilika und einen Abstecher in die wunderschöne Seligenstädter Altstadt. Wir haben in etwa die halbe Tour hinter uns, weshalb wir uns beim traditionellen „Eis-Kaiser" eine Pause gönnen. Der „Eis-Kaiser" nahe der berühmten Basilika in Seligenstadt gehört zu den bekanntesten Eisdielen in der Region. Das Familienunternehmen setzt auf Eis aus eigener Herstellung. In unmittelbarer Nähe zum Mainradweg liegt auch das Kloster Seligenstadt mit seinem wunderschönen Klostergarten. Eine Verschnaufpause lässt sich auch hier hervorragend verbringen.

Wir wollen nun die Grenze überqueren und steuern die Kilianusbrücke an, die uns von Hessen nach Bayern bringt. Sie liegt kurz hinter Klein-Welzheim. und ist seit vielen Jahren ein Wahrzeichen am Main. Die ehemals hier verkehrende Mainfähre wurde kurz vor Einweihung der Brücke 1989 mit einem letzten „Holüber" verabschiedet. Wir passieren Kleinostheim und anschließend Mainaschaff mit dem Mainparksee, an den sich ein Campingplatz mit Bademöglichkeit angeschlossen hat.

Die Tour endet schließlich am Aschaffenburger Schloss Johannisburg (Schloßpl. 4, 63739 Aschaffenburg), welches direkt am Mainufer liegt. Das Schloss Johannisburg war bis 1803 die zweite Residenz der Mainzer Kurerzbischöfe. Die gewaltige Vierflügelanlage, 1605 bis 1614 unter Kurerzbischof Johann Schweikard von Kronberg errichtet, gehört zu den bedeutendsten Schlossbauten der deutschen Spätrenaissance. Für diesen Neubau übernahm der Straßburger Baumeister Georg Ridinger von der mittelalterlichen Vorgängerburg nur den Bergfried als fünften Turm. Ende des 18. Jahrhunderts wurde das Innere des Schlosses nach Plänen des Architekten Emanuel Joseph von Herigoyen klassizistisch umgestaltet. Zu besichtigen sind eine Gemäldegalerie mit Werken von Lucas Cranach, eine Schlosskapelle mit Renaissancealtar, Kanzel und Portalskulpturen von Hans Juncker, die Paramentenkammer mit Ornaten aus dem ehemaligen Mainzer Domschatz, die mit klassizistischem Mobiliar ausgestatteten fürstlichen Wohnräume und das Städtische Schlossmuseum. Eine Besonderheit ist die weltweit größte Sammlung von aus Kork angefertigten Architekturmodellen. Nach der Schloss-Besichtigung radeln wir zum Hauptbahnhof Aschaffenburg, der nur etwa einen Kilometer vom Schloss entfernt liegt. Von hier bringt uns die Regionalbahn in einer halben Stunde Fahrzeit zurück nach Frankfurt-Süd.

*Vom Frankfurter Lohrberg bis Büdingen*

# ⁴ ALTE HANDELSROUTE

*von*
# LOHRBERG

41,9 Kilometer
370 Höhenmeter

*zum*
# BAHNHOF BÜDINGEN

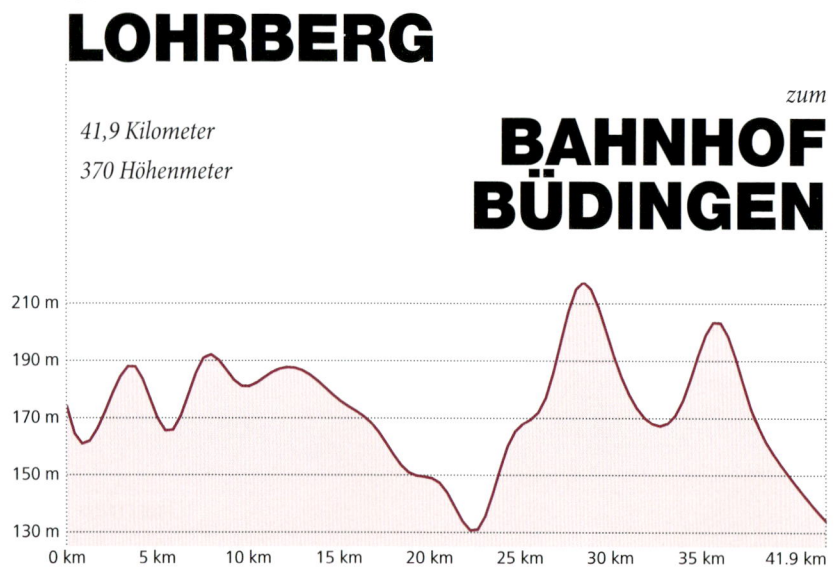

Die ehemalige Handelsroute „Hohe Straße".

Ruhesuchende, Sonnenhungrige und Naturliebhaber aufgepasst. Hier kommt die perfekte Tour für euch. Vom Frankfurter Lohrberg führt unser Weg nach Bergen-Enkheim, wo am Ortsausgang die „Hohe Straße" beginnt. Wir genießen während der gesamten Fahrt bis nach Büdingen phänomenale Aussichten auf schnurgeraden Wegen. Am Wegrand entdecken wir in regelmäßigen Abständen Attraktionen, schaukeln in Hängematten und machen Rast auf einer Riesenbank.

Kaum Einkehrmöglichkeiten direkt an der Strecke. Man kreuzt in Marköbel den Limesradweg in Richtung Altenstadt und in Diebach die Ysenburgroute. Teils Waldwege und kurz über holprige Schotterpiste.

Wir beginnen unsere Tour an Frankfurts Hausberg, dem Lohrberg. Der ein oder andere braucht möglicherweise eine längere Erholungspause nach dem Anstieg zum Lohrberg. Dafür wird man schon auf dem letzten Stück bergauf mit wunderschönen Ausblicken auf Frankfurt und die Region belohnt; im Frühling duftet es nach Blumen und man radelt zwischen blühenden Apfelbäumen hindurch. Oben angekommen lässt es sich auf der großen von Bäumen umrahmten Wiese wunderbar rasten – auch Grillen ist erlaubt. Am sonnenverwöhnten Hang des Lohrbergs finden wir außerdem die letzte Weinanbaufläche Frankfurts. Einkehren lässt es sich sehr gut in oder auf der Terrasse der Lohrberg-Schän-

Über eine Treppe gelangt man auf die Riesenbank

ke, die täglich ab 11 Uhr geöffnet hat. Hier gibt es die gesamte Palette der hessischen Küche, am Nachmittag Kaffee und Kuchen.

Wir machen uns auf den Weg nach Bergen-Enkheim, wo uns das erste Stück auf einer Straße ohne Radweg entlangführt. Am Ortsausgang gelangen wir zum Beginn der „Hohe Straße": Der Ort ist mit einer Übersichtstafel gestaltet, die den Verlauf der „Hohe Straße" und der „Via Regia" zeigt. Drumherum blühen Obstbäume und hinter dem Eingang haben wir schon Sicht auf die schnurgerade alte Handelsstraße. Das Rhein-Main-Gebiet war schon immer Durchgangsland für Händler, Völker, Pilger und Heere in alle Richtungen. Die „Hohe Straße" war nur eine Teilstrecke in einem ganz Europa überziehenden Straßennetz. Unter anderem war sie Teil der historischen „Via Regia" von Santiago de Compostela nach Kiew. Sie führte vom heutigen Frankfurt-Bergen via Erfurt nach Leipzig. Als Höhenweg war sie eine bedeutende Handelsroute, über die Bernstein- und nordische Bronzearbeiten in das Fuldaer Land transportiert wurden. Und seit dem frühen Mittelalter war die „Hohe Straße" der kürzeste und gangbare Verbindungsweg zwischen den geistlichen und politischen Zentren Mainz, Fulda und Erfurt. In gleicher Weise war sie eine der Hauptverbindungen zwischen den Handelsstädten Frankfurt am Main und Leipzig (Quelle: Regionalpark RheinMain). Der Weg führt immer geradeaus zwischen Feldern und Wiesen hindurch. Da wir weder Verkehr noch Kreuzungen beachten müssen, können wir den grandiosen Ausblick genießen. Nach etwa einer halben Stunde Fahrzeit erreichen wir die Große Loh am Waldrand: Zwei doppelte Stelenreihen, die den Blick auf zwei markante Landmarken, den Taunus-Quarzit-Steinbruch oberhalb des Örtchens Köppern und auf das Kraftwerk Staudinger am Main in Großkrotzenburg, lenken.

Wer seine Brotdose gepackt hat, der findet kurz darauf ein lauschiges Pausen-

# Highlights
## am Wegesrand

penaufmärsche zur Befreiung Frankfurts und Hanaus an ihr vorbeizogen. Installationen, wie Kaisertafel und Fähnleinpyramide erinnern an die Geschehnisse.

**3**
Kilometer Umweg sind es von Dieburg am Haag über die Ysenburgroute bis zur Burg Ronneburg.

**Fürst von Ysenburg**
Noch heute residiert ein Fürst von Ysenburg im Büdinger Schloss. Wer Zeit für eine Besichtigung hat, sollte sich das Schloss nicht entgehen lassen.

**6,50**
Meter hoch sind die Glasstelen, die aus Corten-Stahl mit innenliegenden, horizontal geschichteten Glasscheiben bestehen.

**Hoch in den Himmel**
An der Himmelsschaukel Rummelsberg, einer von 18 Stationen der Regionalparkroute Hohe Straße, geht es für uns hoch hinaus. Loslassen und tief durchatmen!

**1600**
Der Wartbaum ist eine mächtige Linde, die um 1600 gepflanzt wurde. Sie erlebte die Ereignisse der letzten Jahrhunderte, als die großen Truppplätzchen: Wir halten am Lausbaum, unter dem große und stabile Hängematten zum Abhängen einladen. Früher war hier vermutlich die letzte Rast auf der Reise von Leipzig nach Frankfurt.

Ein Gefühl von Freiheit sollen die zahlreichen großen Schaukeln vermitteln, die an besonders herausragenden Orten der ehemaligen Handelsroute errichtet wurden. Wir machen eine Schaukelpause an der Galgenschaukel auf Höhe der Ortschaft Kilianstädten, kurz darauf finden wir auch noch eine Vogelnestschaukel – beste Gelegenheit, um auch die Kinder einmal schaukeln zu lassen. Ein tolles Fotomotiv bietet die Riesenbank auf Höhe Ostheim. Kurz dahinter finden wir dann auch noch die Himmelsschaukel Rummelsberg.

Nach 21 Kilometern, etwa auf der Hälfte der Strecke, halten wir am Hofgut Kapellenhof (Auf dem alten Hof 1, Schafskäserei, 63546 Hammersbach). Die Verkaufshütte ist sieben Tage die Woche 24 Stunden geöffnet. Ein Stopp für Radfahrer ist sogar erwünscht: Es

Denkmal am Wartbaum

gibt Sitzmöglichkeiten und Wasser sowie Bio-Limonaden. An den Kühlschränken und Eistruhen darf man sich selbst bedienen. Gezahlt wird auf Vertrauensbasis ausschließlich mit Bargeld. Zu den angebotenen Produkten zählen Joghurt, Frischkäse, Camembert, Brie, Räucherkäse und handgeschöpfter Schafkäse sowie Bratwurst und Pfefferbeißer – alles in Bio-Qualität und aus direkter Herstellung auf dem Hof oder von kooperierenden Höfen. Wir haben es auf etwas abgesehen, was laut Kapellenhof in Hessen einzigartig sei: In der Eistruhe finden wir hausgemachtes Bio-Schafmilcheis. Und das schmeckt wirklich köstlich!

Oberhalb der Ortschaft Langen-Bergheim, fast auf dem höchsten Punkt, glitzern zwei große Stelen im Sonnenlicht. Ein kleiner Rastplatz bietet weite Ausblicke in die Ferne. Die doppelten Glasstelen brechen das Sonnenlicht unterschiedlich und funkeln. Jeweils in der Mitte können der Taunus mit Feldberg sowie die Frankfurter Skyline mit dem Messeturm fokussiert werden. Ein paar Kilometer weiter kommen wir aus dem Ysenburger Wald, wo wir etwas Schatten finden, der Weg über den kurzen Waldabschnitt hinweg allerdings etwas holprig ist. Dafür werden wir mit einem herrlichen Blick auf die Ronneburg (Auf der Burg, 63549 Ronneburg, burg-ron-

neburg.de) belohnt. Die Burg ist eine der wenigen im originalen Bauzustand des 16. Jh. erhaltenen Höhenburgen Deutschlands und zählt zu den bedeutendsten Burgen in Hessen.

Über die Ysenburgroute, auf die wir in Diebach am Haag treffen, können wir sie nach etwa drei Kilometern per Rad anfahren. Ein Abstecher lohnt sich. Auf der Burg finden, neben den überregional bekannten „Mittelalterlichen Burgfestspielen" im frühen Herbst ganzjährig Märkte und Veranstaltungen statt. Es gibt außerdem ein Burgmuseum mit Programm.

Wir setzen unsere Tour auf der „Hohe Straße" fort. Von Diebach am Haag sind es noch gut 9 Kilometer bis zum Ende unserer Tour. Wenn wir das Industriegebiet von Büdingen erreichen, sind wir fast am Ziel. Auch wenn man es an diesem Ort nicht vermuten würde: Büdingen ist ein sehenswertes Städtchen mit mittelalterlicher Altstadt und Schloss. Wer noch Zeit hat sollte unbedingt in die Stadt hineinfahren. Sie ist sogar überregional bekannt und zählt zu den besterhaltenen Stadtanlagen Europas. Kurz darauf kommen wir zum Bahnhof Büdingen. Von hier geht es zurück nach Frankfurt.

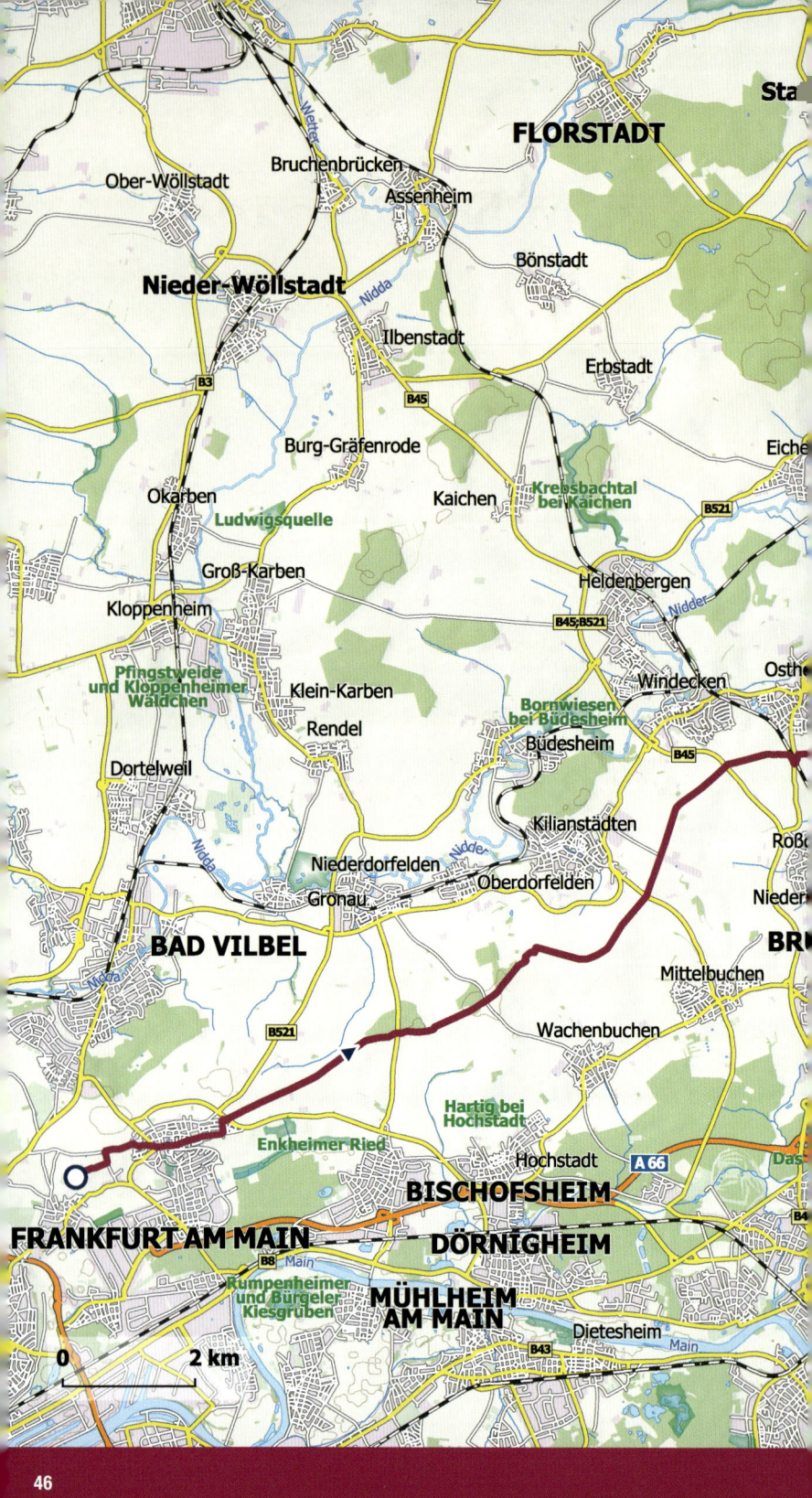

*Obstwiesenrunde um Bad Vilbel*

# ⁵ GOLDENES TOR ZUR WETTERAU

*Start/Ziel*
## BAD VILBEL BAHNHOF

30,5 Kilometer

229 Höhenmeter

Im Apfelgarten vom Obsthof am Steinberg

Die Hessische Apfelwein- und Obstwiesenroute umfasst ein Wegenetz von über 1.000 km. Unsere Tour ist eine von drei ausgewiesenen Routen im Wetteraukreis, die sich miteinander verbinden lassen. Wir passieren Streuobstwiesen, Lehrgärten, Keltereien und Gaststätten sowie Direktvermarkter.

Asphaltwege und ausgebaute Landwirtschaftswege. Flach bis leicht hügelig. Beschilderung (roter Apfel und umlaufender grüner Pfeil) teilweise verblichen, Route kann in beide Richtungen befahren werden. Alternativ endet die Tour am Dottenfelderhof

Er gehört zu Frankfurt wie Skyline und Flughafen: Der Apfelwein, auch „Ebbelwoi" oder einfach „Stöffche" genannt. Serviert wird er traditionell im „Bembel", den man in Frankfurt in allen Größen und mit flexiblen Beschriftungen und Verzierungen bekommt. Die Geschichte des hessischen Nationalgetränks reicht weit zurück und der Besuch in den Sachsenhauser Traditionshäusern wie Apfelwein Wagner (Schweizer Str. 71, 60594 Frankfurt am Main) oder die Gaststätte Zum Gemalten Haus (Schweizer Str. 67, 60594 Frankfurt am Main) ist Pflicht bei einem Frankfurtbesuch. Besonders spannend an der Geschichte des Apfelweins ist, dass er heute auch gut zur Lebenseinstellung vieler Menschen passt: Zumeist kommt er aus kleinen Manufakturen, in denen Regionalität und Leidenschaft für das Produkt groß-

# Highlights
## am Wegesrand

**200**
Vor rund 200 Jahren gingen die armen Leute über die Brücke nach Sachsenhausen, wo die Kaschemmen selbst gekelterten „Ebbelwoi" verkauften. Heute ist Apfelwein längst kein Arme-Leute-Getränk mehr, sondern passt zum Zeitgeist, denn er kommt selten aus industrieller Herstellung.

**250**
verschiedene Sorten an Obst gedeihen auf dem Obsthof am Steinberg in Karben.

**Eismanufaktur Monti**
Ein Eis aus eigener Herstellung mit Blick aufs Degenfeldsche Schloss genießen wir in Karben bei Eis Monti.

**Cider World Frankfurt**
In Frankfurt findet einmal im Jahr die Frankfurter Apfelweinmesse „Cider World" statt. Ausgetragen wird sie unter anderem in Frankfurter Apfelweinstuben.

*Wo der Apfel im Mittelpunkt steht*

geschrieben werden. Der Apfelwein ist damit ein wahrhaft nachhaltiger Genuss, oder wie es Andreas Schneider vom Obsthof am Steinberg ausdrückt: „Wer Apfelwein trinkt, erhält alte Sorten und den Frankfurter Streuobstwiesengürtel!"

Der Umweltgedanke gefällt uns und so treten wir am Bad Vilbeler Bahnhof beschwingt in die Pedale, um dem Ursprung des Frankfurter Apfelweins auf den Grund zu gehen. Wir gelangen direkt zum Uferweg der Nidda, wo wir der Beschilderung folgen. Nach nicht einmal 2 Kilometern liegt kurz hinter dem Bad Vilbeler Freibad Kreilings SommerGarten (Ritterstraße 3, 61118 Bad Vilbel) an der Route. Wer zum Lokal möchte, muss die Route verlassen, die Nidda überqueren und gelangt über den Bahnhof Bad Vilbel-Süd zum Kreilingshöfchen. Im Sommergarten werden Apfelweine der Kelterei Walther aus Bruchköbel serviert. Dazu finden wir die Klassiker der Hessischen Küche auf der Speisekarte – natürlich angepasst an die Region Wetterau. Unser Weg führt uns weiter an der Nidda entlang, bis wir nach rechts zur

Straße abbiegen und an der Schutzhütte vorbei nach Massenheim fahren.

Nach der Durchfahrt des sehenswerten Ortszentrums von Massenheim wird der Apfelkreisel erreicht. Wir drehen eine Extrarunde um den Apfel herum und biegen dann nach links in die verkehrsberuhigte Homburger Straße ab. Diese führt uns bis zur Nord-Umgehung, die wir an einer Bedarfsampel queren. Anschließend führt der Weg durch eine Wohnstraße nach Nieder-Erlenbach hinab. Hier gelangen wir zum Obsthof am Steinberg (Am Steinberg 24, 60437 Frankfurt am Main, täglich geöffnet), der nur etwa 200 Meter rechts neben der Route liegt. Auf dem Apfelhain gedeihen etwa 120 Apfelsorten, die auf biologische Weise angebaut werden. Seltene Gewächse wie Champagnerrenette, Goldparmäne oder Geheimrat Dr. Ollenburg sind darunter. Sie bilden die Grundlage für feine Apfelweine, die ganzjährig im urigen Apfelgarten serviert werden. Dazu finden wir auch leckere Kleinigkeiten in absoluter Bio-Qualität auf der Speisekarte – vegetarische und vegane Gerichte überwiegen. Für Kinder stehen zwei Spielplätze mit Schaukeln und Sandkasten zur Verfügung. Und zum Hof gehört auch ein Hofladen, in dem zahlreiche Obstsorten aus eigenem Anbau zum Verkauf angeboten werden. Zur Saison finden jede Menge Veranstaltungen statt, wie etwa das Kelterfest im September, Apfelweinwanderungen und Live-Musik. Wir

Rast unter Äpfeln – Obsthof am Steinberg

schauen uns noch etwas um und entdecken im Norden hinter den Wiesen und Feldern des Obsthofs die Frankfurter Skyline in der Ferne. Der Biohof und die internationale Metropole – längst kein Widerspruch mehr. Zwar ist der Apfelwein ein regional stark verwurzeltes Produkt, zugleich ist er aber auch in aller Welt zu Hause.

Wir kehren zurück auf einen Rad- und Fußweg, der uns entlang des Erlenbaches führt, bevor es nach rechts hinauf auf den Galgenberg und nach Petterweil geht. In Petterweil verläuft die Route auf Wohnstraßen um den Ort herum und anschließend entlang des Riedgrabens durch Obstwiesen. Wir queren die Bundesstraße 3 an der Ampelanlage, die Bahnlinie über eine Fußgängerbrücke und passieren die Kelterei Rapps (Brunnenstraße 1, 61184 Karben), Hessens größter Fruchtsaft-Hersteller und ein bedeutender Anbieter von verschiedenen Apfelwein-Spezialitäten. Das Produktsortiment von Rapp umfasst über 30 Sorten Fruchtsäfte und -nektare und drei verschiedene Apfelweine. Die Kelterei kann kostenlos besichtigt werden. Außerdem ist sonn- und feiertags ein Natur-Erlebnisgarten geöffnet. Hier gibt es heimische Pflanzen- und Tierarten zu entdecken, besonders sehenswert ist das Insektenhotel, die Streuobstwiese mit Nisthilfen und der geologische Pfad. Auf dem Barfußpfad können wir uns besonders gut die Füße vertreten, bevor es wieder aufs Rad geht. Jetzt fahren wir runter zur Nidda und können einen Abstecher zu Neidharts Küche (Robert-Bosch-Straße 48, 61184 Karben) machen. Neben einer hochwertigen Speisekarte finden wir

hier auch Programm wie Wein-, Rum- und Apfelweinproben, Kochkurse und saisonale Events, wie die Wetterauer Lammwochen. Die Einkehr lohnt aber auch zu jedem anderen Zeitpunkt.

Wir queren den Niddauferweg und fahren über eine kleine Brücke über den Fluss. Durch eine Parkanlage erreichen wir Groß-Karben und das Degenfeldsche Schloss. Die Route führt am Schulzentrum vorbei und am Kreisverkehr verlassen wir den Ort nach links. Vorbei an Obstwiesen und dem Karbener Rosenhang führt unser Weg über Felder zum Biohof Mager (Ulmenweg 50, 61184 Karben). Der Hof wird seit 1994 in organisch-biologischer Wirtschaftsweise geführt und gehört dem ökologischen Anbauverband Bioland an. Sein Sortiment findet man auch in Frankfurter und Darmstädter Rewe-Märkten. Wir haben noch etwas Platz in unserem Fahrradkorb und nehmen uns Käse und Wurst für Zuhause mit.

Mit unseren Drahteseln nehmen wir Kurs auf Rendel. Ein kurzes Stück müssen wir auf einer Kreisstraße fahren, bevor wir auf Wirtschaftswegen Gronau erreichen. Aus dem Kreisel in Gronau biegen wir links bergan auf ein offenes Feld mit herrlichen Rundblicken. Wir tanken noch einmal ordentlich frische Luft, bevor es wieder städtisch wird. Über den Weinberg geht es durch Streuobstwiesen hinab ins Tal nach Bad Vilbel, wo beim Alten Rathaus die Nidda erreicht wird. Unsere Runde endet wieder am Bahnhof in Bad Vilbel. Alternativ kann von Gronau auch über den Niddaradweg Richtung Dortelweil der Dottenfelderhof angefahren werden.

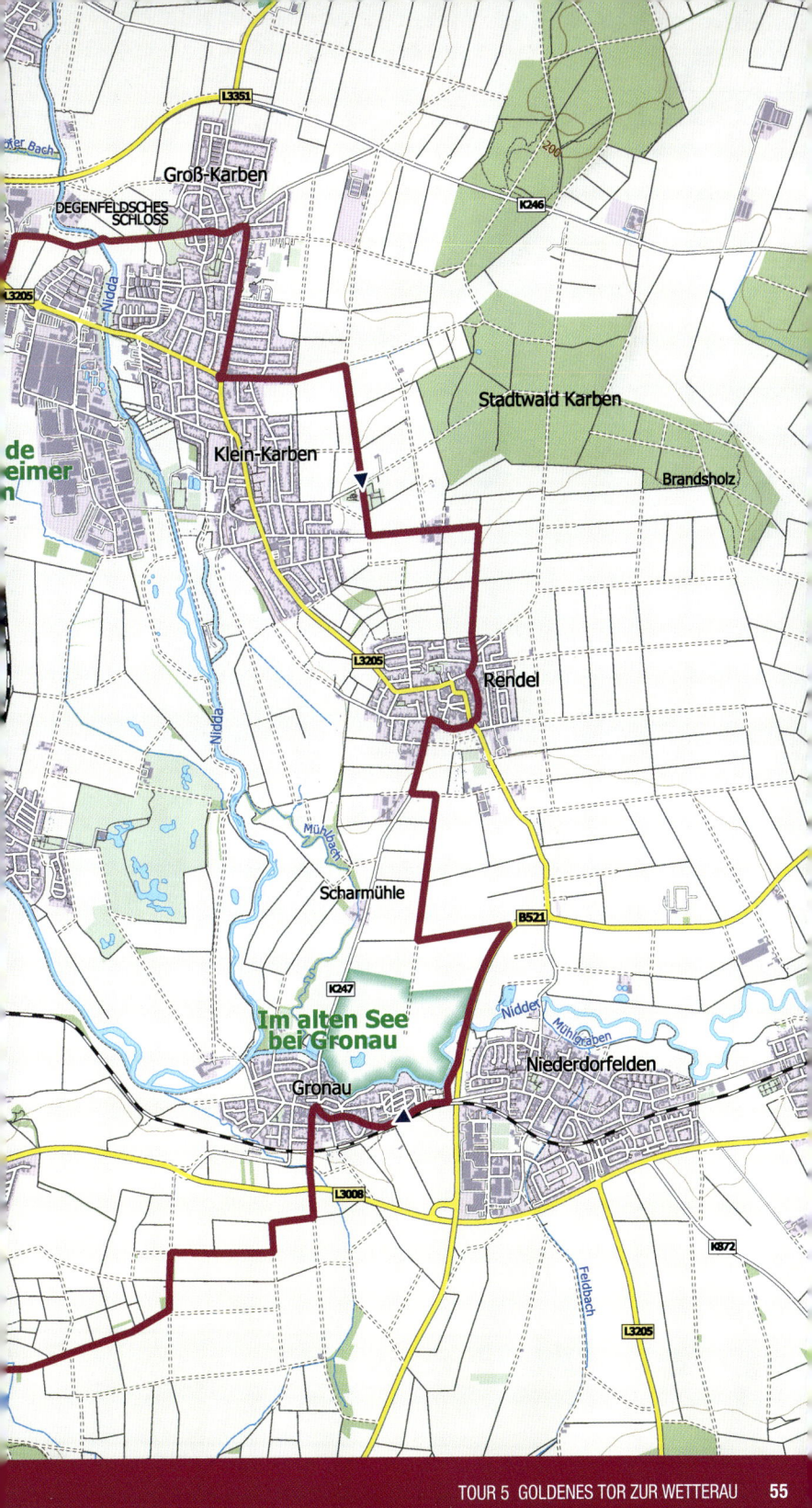

*Eine Runde um Lorsbach im Taunus*

# 6 FRISCHE TAUNUS-LUFT SCHNUPPERN

Start/Ziel
## BAHNHOF LORSBACH

*35,2 Kilometer*

*680 Höhenmeter*

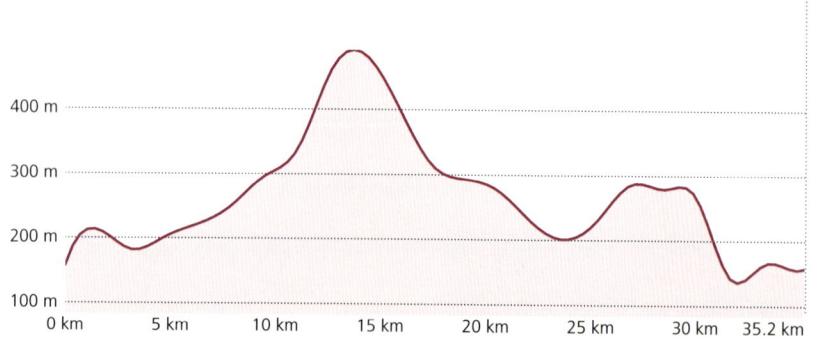

*Prächtiges Antlitz: Der Meisterturm*

Der gemütliche Ortsteil Lorsbach, der zur Kreisstadt Hofheim am Taunus gehört, ist Ausgangspunkt dieser einigermaßen anspruchsvollen Tour. Auf unserer Runde werden wir vortrefflich bekocht. Und am Ende der Tour führen uns 173 Treppenstufen zum Panoramarundblick.

Anspruchsvolle Tour mit einigen Steigungen. Teils Waldwege mit losem Untergrund. Viele schöne Einkehrmöglichkeiten an der Strecke. Sie verläuft von Lorsbach bis Eppstein über den Hessischen Radfernweg R8.

Von Frankfurts Hochhäusern aus betrachtet stellt der Taunus immer wieder eine unerwartet schöne Umrahmung der Großstadt dar. Unsere Tour beginnt beim Bahnhof von Lorsbach (Am Bahnhof, 65719 Lorsbach), das in den südlichen Ausläufern des Taunus-Gebirges liegt. Es befindet sich im engen Lorsbachtal, welches Eppstein mit Hofheim verbindet. Durch das Lorsbachtal fahren wir am Schwarzbach entlang zunächst vier Kilometer bis Eppstein. Der Weg führt uns dabei über den Hessischen Radfernweg R8, die „Westerwald-Taunus-Bergstraße".

In Eppstein, das wir nach knapp vier Kilometern erreichen, finden wir eine romantische Altstadt mit wunderschönen Fachwerkhäuschen in engen Gassen. Über ihr liegt die Burg Eppstein mit einem Museum, in dem die 1000-jährige

Abgekürzt – die S-Bahn-Station Hofheim ist zwei Kilometer entfernt.

Geschichte dieses bedeutsamen Kulturdenkmals anschaulich aufbereitet ist. Die Eppsteiner Burg ist zudem eine der ältesten Freiluft-Theaterspielstätten des Rhein-Main-Gebietes. Seit 1913 finden hier in den Monaten Juni und Juli die Burgfestspiele Eppstein statt. Im Ort lohnt außerdem auch ein Abstecher zum Kaisertempel, der am Hang des 451 Meter hohen Staufens liegt. Er ist eine markante Station im Netz der Wanderwege, Aussichtspunkte und Gasthäuser und beliebtes Ausflugsziel mit Restaurant. Alljährlich am ersten Sonntag im September findet hier das Kaisertempelfest statt. Wir folgen einem Radweg an einer viel befahrenen Straße bis nach Fischbach. Dennoch, der Ausblick in die umliegende Landschaft ist wunderschön.

Auf der Strecke liegt auch ein kleines italienisches Restaurant (Ristorante Fischbachtal, Fischbacher Str. 9, 65817 Eppstein), dessen Speisekarte vielversprechend aussieht.

Ab Fischbach geht es stetig und gemächlich bergauf. Wir entdecken eine Rastbank, machen einen kurzen Stopp, um unseren Wasserhaushalt aufzufüllen und fahren anschließend noch etwa einen Kilometer bis zum Rettershof/Zum fröhlichen Landmann. Hier machen wir eine längere Pause. Es gibt viel zu entdecken: Die Geschichte des Rettershofs (Rettershof 65779 Kelkheim) reicht bis ins Jahr 1146 zurück. Heute ist das ehemalige Kloster ein schickes Hotel mit Restaurant und Beach-Bar. Wer zufällig

**Sundowner-Lounge im Vordertaunus**
Am Rettershof gibt es eine Lounge mit Liegestühlen, Drinks und Musik. Bei schönem Wetter mittwochs bis samstags ab 16 Uhr geöffnet.

# Highlights
## am Wegesrand

**300**
Kilometer umfasst der Hessische Radfernweg R8. Er ist einer von neun Radfernwegen in Hessen und quert den Westerwald, den Taunus und die Bergstraße; er beginnt in Frankenberg.

**10**
Autominuten entfernt, in Bad Soden, gibt es einen zugehörigen Reiterhof mit Reitschule. Die Reitanlage auf dem Rettershof ist eine Pensionsanlage für Privatpferde.

**Aufstieg zum Genuss**
Am Meisterturm befindet sich auch eine Gaststätte, die Hessische Küche anbietet. Sie ist donnerstags bis sonntags geöffnet.

am Sonntag vorbeikommt kann in vornehmer Szenerie Kaffee und Kuchen einnehmen. Rustikaler geht es im benachbarten Landgasthof Zum fröhlichen Landmann (Rettershof 2, 65779 Kelkheim-Fischbach, mittwochs bis sonntags ab 11.30 Uhr geöffnet) zu. Hier stärken wir uns auf der Terrasse bei Taunus-Forelle und geschmorten Ochsenbacken.

Zum Rettershof gehört auch eine Reitanlage, die eingebettet im einzigartigen historischen Ambiente des über 860 Jahre alten Hofguts wie eine Filmkulisse wirkt. Wir schauen uns die edlen Rosse des Pensionsstalls an und begrüßen die Hühner, die sich vor dem Reitstall aufhalten.

Die Stärkung im Landgasthof war wertvoll, wie sich herausstellt, als wir wieder in die Pedale treten. Vom Kelkheimer Stadtteil Ruppertshain geht es ein kurzes Stück auf einer asphaltierten Straße sehr steil bergauf. Wir genießen dabei einen tollen Fernblick auf die Frankfurter Skyline. Wem es zu steil ist, der kann im Ort am Ende vom Gärtnerweg auch der

Robert-Koch-Straße bis zur ehemaligen Lungenheilklinik (auch Hustenberg oder Zauberberg, nach dem gleichnamigen Roman von Thomas Mann benannt) folgen und dort über die Eppenhainer Straße weiterfahren. So oder so gelangen wir an eine Weggabelung, an der wir die Markierung der Passhöhe vom Ruppertshainer Berg entdecken – ein weißes Kreuz. Wir biegen auf den Viktoriaweg ab, und passieren einen Parkplatz zu Beginn dieses Wanderwegs. Unsere Tour führt uns auf einem Waldweg zunächst gemächlich bergauf, dann wieder leicht bergab bis zum Rastplatz Schnecke, von dem wir eine tolle Aussicht auf die Königsteiner Burg haben.

Nach einem kurzen Stopp geht es weiter gemächlich bergab, an Kuhweiden und Wiesen vorbei bis zum Örtchen Schneidhain. Wir queren den Liederbach und fahren an einer Wohnsiedlung entlang, die am Rande von Königstein liegt. Dann wieder durch Wiesen und ein kurzes Stück an der Landstraße entlang. Kurz vor der Roten Mühle (Rote Mühle 1, 65812 Bad Soden am Taunus) überqueren wir erneut den Liederbach. Die Rote Mühle präsentiert sich als uriger Landgasthof, der direkt am Waldrand liegt. Im schattigen Biergarten lassen wir uns unter den alten Linden ein Eis schmecken. Die Rote Mühle ist auch Austragungsort eines Krimi-Dinners und von hier starten geführte Wanderungen durch das angrenzende Braubach- und Liederbachtal.

Wir verlassen diesen idyllischen Ort und machen uns auf den Weg nach Kelkheim, wo wir jetzt den Stadtteil Hornau durch-

Ehemalige Lungenheilklinik am Zauberberg

fahren. Am Rande Kelkheims kommen wir am Gimbacher Hof (Hof Gimbach 1, 65779 Kelkheim) vorbei, ein beliebtes Ausflugsziel für große und kleine Frankfurter. Wer noch Platz im Magen hat, sollte sich hier ein Stück Kuchen genehmigen. Dieser wird selbst gebacken und schmeckt wirklich vorzüglich. Wenn die Kleinen noch Lust haben, dann bietet sich Ponyreiten an (bestenfalls vorher reservieren). Zum Hof gehört auch ein kleiner Campingplatz, den wir vom Rad aus sehen können.

Durch den Stadtwald von Hofheim gelangen wir zum Meisterturm (Meisterturm 1, 65719 Hofheim am Taunus, nur fußläufig erreichbar). Die Anstrengungen der Tour sind beinahe vergessen und so geht es für uns noch einmal bis nach ganz oben auf den offenen Turm, der selbst auf dem Kapellenberg liegt. Wir haben Glück und genießen einen unverstellten Panoramablick nach Süden über das Rhein-Main-Gebiet bis zum Odenwald, nach Norden auf die Höhenzüge des Taunus mitsamt dem Großen Feldberg. Rund 30 Kilometer liegen hinter uns und wir sind nun bereit für die letzten fünf Kilometer bis zum Ausgangspunkt. Vom Meisterturm aus geht es zunächst sehr steil bergab, vorbei am Wildpark Hofheim. Der Wildpark ist das Zuhause von Damwild und Wildschweinen und sollte eigentlich im Jahr 2015 geschlossen werden. Ein Verein hat sein Bestehen gerettet und über Spendengelder wird der Wildpark seither zunehmend attraktiver gestaltet. Unser Weg führt uns danach über Asphalt- und Waldwege stetig abwärts bis zum Bahnhof Lorsbach.

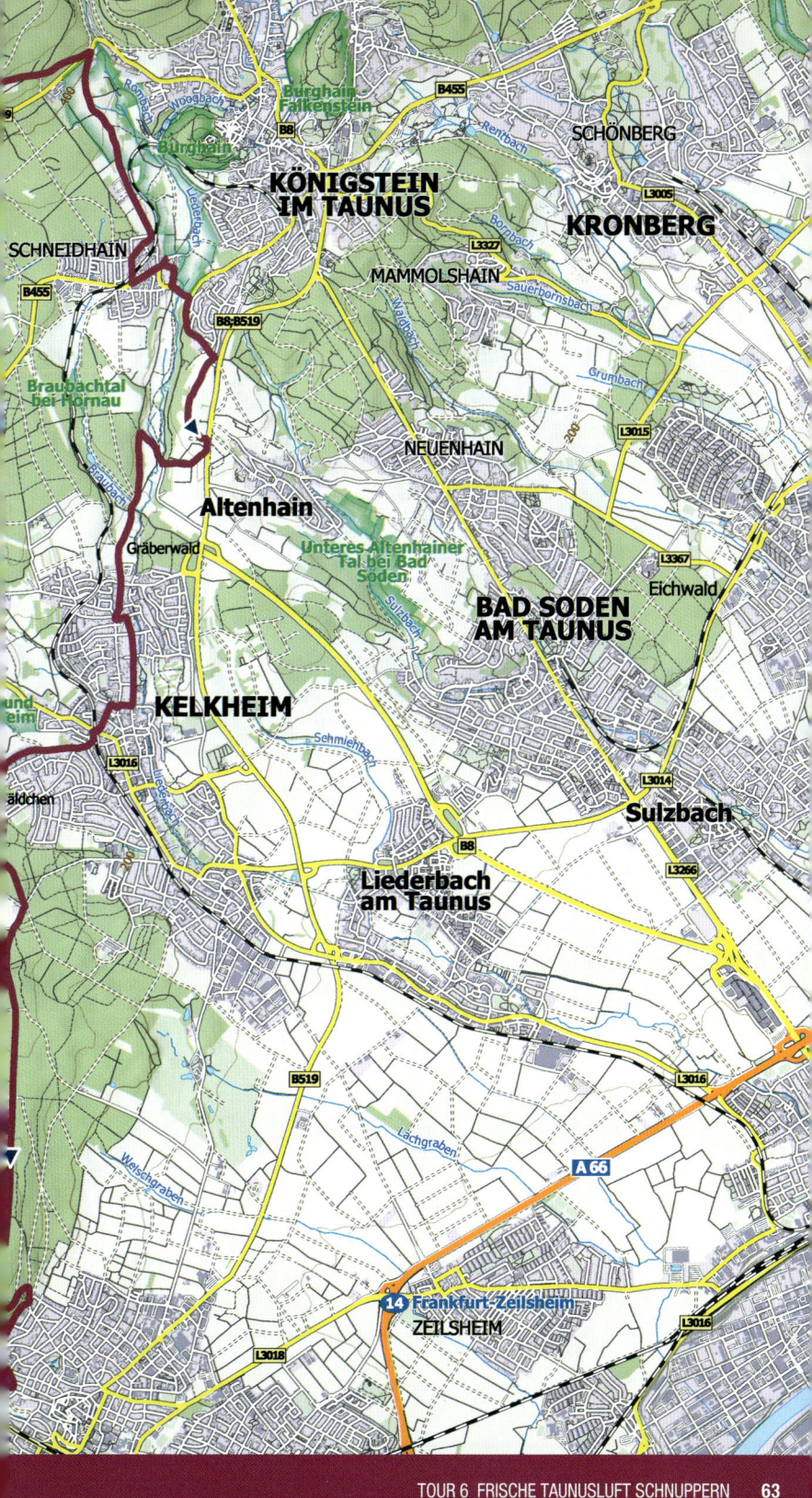

*Kleine Runde durch Frankfurts Westen*

# 7 WEITSICHT GENIESSEN

*Start/Ziel*

# WESTBAHNHOF FRANKFURT

*Rundtour*

*23,5 Kilometer*

*140 Höhenmeter*

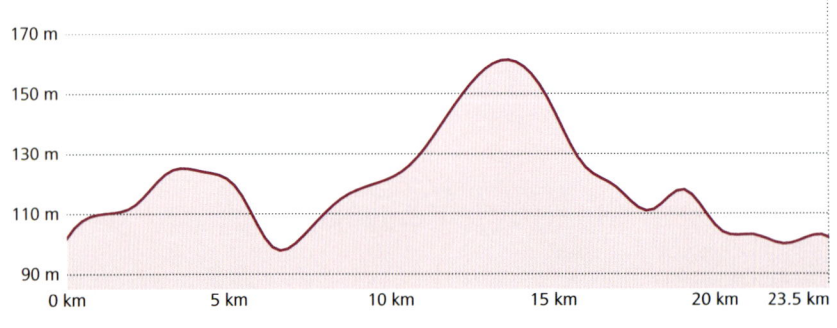

*Grüne Oase inmitten der Großstadt – der Frankfurter Palmengarten*

**Wir fahren am berühmten Frankfurter Palmengarten entlang. Hinter Praunheim genießen wir die Weite und Ausblicke Richtung Taunus und Frankfurter Skyline und rasten am Apfelweinbrückchen bei Steinbach.**

Toureninfo: Leichte Radtour auf befestigten Radwegen. Sie verläuft ein kurzes Stück auf dem Niddaradweg und zwischen Steinbach und Eschborn auf der Regionalparkrundroute. Insbesondere der Abschnitt zwischen Praunheim und Eschborn bietet keinen Schatten.

Wir starten am Frankfurter Westbahnhof, der sich im Stadtteil Bockenheim befindet. Der Westbahnhof ist vom Hauptbahnhof aus eine Station hinter der Messe und wird mit allen S-Bahnen Richtung Messe angefahren. Auf dem Messegelände findet seit 2022 eine der international größten Fahrradmessen statt. Die Eurobike hat im Sommer 2022 über 30.000 Fachbesucher und knapp 30.000 Fahrradfans angelockt. Für uns geht es vom Westbahnhof aus über die Adalbertstraße zur Bockenheimer Warte, dem sogenannten Eingangstor zum Stadtteil. Das altertümliche Warttürmchen thront mitten auf einem großen Platz, auf dem donnerstags der Bockenheimer Wochenmarkt stattfindet. Wir folgen der Gräfstraße ein kurzes Stück und biegen dann nach rechts auf die Sophienstraße ab.

# Highlights
## am Wegesrand

**Größter Park der Stadt**
Der Volkspark Niddatal, auch Niddapark genannt, ist mit circa 168 ha der größte und bekannteste Volkspark in Frankfurt.

**2021**
wurde das Blüten- und Schmetterlingshaus im Palmengarten Frankfurt eröffnet. Es widmet sich den Insekten und ihrer Bedeutung für das Ökosystem. Doch nicht nur dort summt und brummt es. An Sommertagen findet man in den Wiesen und Beeten des Palmengartens unzählige, teilweise sogar selten gewordene Insekten.

**100**
Jahre und mehr währt die Tradition, dass sich Frankfurter auf den Weg zur Apfelweinbrücke Steinbach machen, um gesellig beim „Äppler" zusammenzusitzen.

**1881**
wurde die Familienkelterei Possmann gegründet, die ihren Sitz am Rande von Rödelheim hat. Sie ist der größte Apfel-Verarbeitungsbetrieb in Hessen. Interessantes und Wissenswertes rund um den Apfel und die handwerkliche Herstellung von Apfelsaft und Apfelwein kann man in der Keltereiführung erfahren.

So grün ist Frankfurt

Nach wenigen Metern kommen wir zum Palmengarten Frankfurt, einem der größten botanischen Gärten Deutschlands. Ein Eingang befindet sich in der Palmengartenstraße, die man von der Zeppelinallee aus über eine kleine Gasse erreicht. Pflanzen aus aller Welt, alter Baumbestand, Wiesen und Wasser, Kunst und Kultur – der Palmengarten ist ein Ort, der seinesgleichen sucht. 22 Hektar ist der Garten groß, in seinem Freiland und unter den Dächern seiner teilweise historischen Schauhäuser wachsen rund 13.000 Pflanzenarten. Ausstellungen, Themenführungen und Musikveranstaltungen – der Palmengarten ist wirklich zu jeder Jahreszeit einen Besuch wert. Meine Lieblingsorte sind das Haus Rosenbrunn gegenüber des

Haupteingangs in der Siesmeyerstraße und der Bambus-Wald, der sich in der Nähe des Schmetterlingshauses befindet. Im Sommer halten wir uns gerne auf dem Wasserspielplatz im Norden des Palmengartens auf, wo sich auch ein Kinderkiosk befindet. Wer sich mit dem Gelände des Palmengartens etwas intensiver beschäftigt, entdeckt vielleicht auch ein märchenhaft schönes Anhängsel. Wir radeln zuerst über die Zeppelinallee und dann auf der Miquelallee um das Gelände des Palmengartens herum. Schließlich gelangen wir über die Hansaallee in den Stadtteil Dornbusch hinein.

Wir fahren nach Frankfurt-Ginnheim, dessen uriger Stadtkern sich mehr nach Dorf als nach Großstadt anfühlt. Schließlich passieren wir das Ginnheimer Wirtshaus, in das wir auf unseren Radtouren grundsätzlich sehr gerne einkehren. Anschließend fahren wir auf dem Niddaradweg entlang und überqueren den Fluss über die Römerbrücke. Auf der anderen Seite fahren wir an der Nidda entlang.

Der Volkspark Nidda/Praunheimer Nachtigallenwäldchen befindet sich nun auf der gegenüberliegenden Seite. Das Nachtigallenwäldchen liegt am Rande dieses größten Frankfurter Volksparks. Wer mehr Zeit hat, sollte vor der Römerbrücke links in den Park hineinfahren und eine Runde drehen. Es gibt wunderbar angelegte

Fuß- und Radwege und das weitläufige Gelände hat von Obstbaum-Plantagen bis zum Wasserspielpatz jede Menge Schönes zu bieten.

Unsere Runde führt uns nach Praunheim und vorbei am Nordwest-Krankenhaus. Dahinter verläuft der asphaltierte Radweg für den Rest der Runde durch weite Felder. Wir haben einen wunderbaren Blick auf die Frankfurter Skyline und das umliegende Taunus-Gebirge. Als ich zum ersten Mal hier entlanggefahren bin, war ich schier begeistert von der Weitsicht und der Frankfurter Skyline aus dieser Perspektive. Auf Höhe Steinach-Weißkirchen gelangen wir auf die Regionalparkrundroute.

An der Apfelweinbrücke Steinbach machen wir Rast. Das „Äppelwoibrückchen" in der Steinbachaue stellt eine direkte Schnittstelle von der großen Regionalparkrundroute zur auch schon in älteren Zeiten wichtigen Wegverbindung Frankfurt–Praunheim–Steinbach her. Apfelwein und Brücke, das ist eigentlich doppelt gemoppelt: Dass eine Brücke etwas Verbindendes hat, ist klar. Gerade so aber wird seit jeher der vergorene Apfeltrunk in hiesigen Gefilden als ein die Menschen verbindendes Getränk gefeiert. Das war auch schon so in Zeiten, als der Vorläufer des heute aufgemauerten Übergangs noch ein Holzsteg war. Einige Hundert Meter hinter der kleinen Brücke finden wir einen Sitzkiesel am Radweg – unverwechselbares Erkennungsmerkmal der Regionalparkrundroute. Wir rollen auf dem Radweg an der Landstraße Richtung Eschborn berg-

Steg mit Geschichte – die Apfelweinbrücke bei Steinbach

ab und genießen einen tollen Blick auf die Skyline. Während die Regionalparkrundroute am Eschborner Friedhof in Richtung Stadt abbiegt, fahren wir am Rande der Kleinstadt entlang, überqueren den Autobahnzubringer und durchfahren den S-Bahnhof Eschborn-Süd.

Danach führt der Radweg an der Bahntrasse der S-Bahn entlang bis nach Rödelheim, wo wir an der Frankfurter Äpfelwein-Botschaft (Eschborner Landstraße 154, 60489 Frankfurt am Main) der Kelterei Possmann vorbeikommen. Die traditionsreiche Apfelweinwirtschaft befindet sich in einem kleinen Industriegebiet auf dem Gelände der Kelterei. In gemütlichem, rustikalen Ambiente werden typisch hessische Gerichte und Apfelwein serviert. Im Sommer lässt es sich im wunderschönen Apfelweingarten bestens rasten. Wir fahren weiter bis zum Bahnhof Rödelheim, den wir durchqueren. Über eine Nebenstraße kommen wir auf die Hauptverkehrsstraße Rödelheims, die zwischen Solmspark und Brentanopark hindurchführt. Die beiden Parks verfügen über einen uralten Baumbestand, große Wiesen und tolle Spielplätze und sind Teil des Radwegenetzes des Frankfurter GrünGürtels. Als ich vor einigen Jahren zum ersten Mal durch diese Parks geradelt bin, war ich wirklich überrascht von dieser gepflegten und grünen Seite Rödelheims. Wer noch Zeit hat sollte unbedingt eine Extrarunde durch die Parks drehen! Schließlich geht es für uns über die Rödelheimer Landstraße zurück zu unserem Ausgangspunkt in Bockenheim.

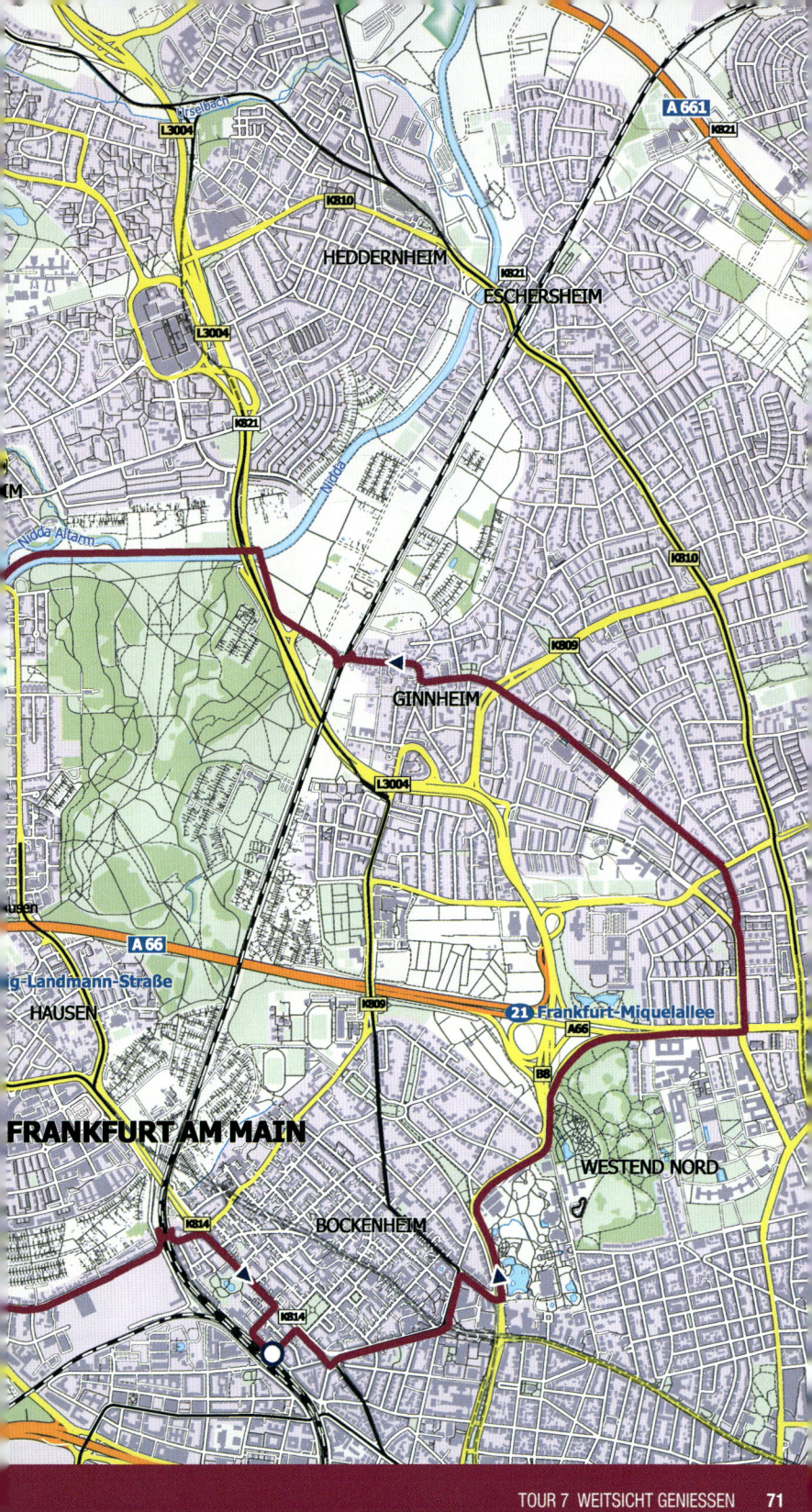

*Kleine Runde über den Lohrberg*

# 8 FRANKFURTS HAUSBERG

Start/Ziel

## HOLZHAUSEN-SCHLÖSSCHEN

*Rundtour*

*20,5 Kilometer*

*120 Höhenmeter*

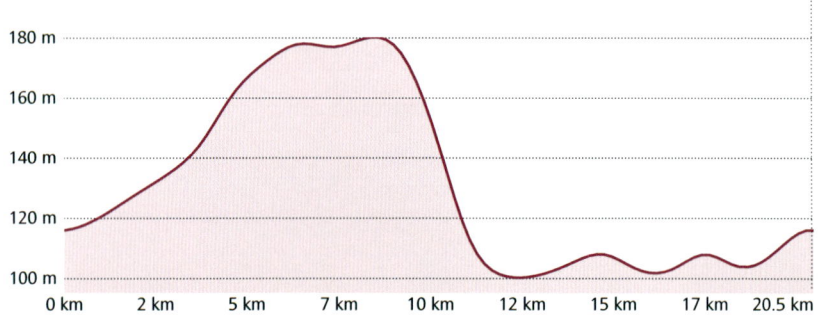

Blick auf die Skyline vom Lohrberg

Eine feine Feierabend-Runde: Mit einem Getränk in der Hand oder einem Picknick auf der Decke kann man auf dem Lohrberg wunderbar den Sonnenuntergang über der Mainmetropole beobachten, über Frankfurts Osten geht es zurück ins Nordend-West.

Gemütliche und wenig anspruchsvolle Runde. Sie kombiniert einige der schönsten Orte im Stadtgebiet. Ein kurzer Abschnitt verläuft über den GrünGürtelradweg.

Wir starten beim Holzhausenschlösschen. Das im familienfreundlichen Nordend-West gelegene Wasserschloss gibt uns mit seinem glanzvollen Anblick Energie, um per Rad Frankfurts Hausberg zu erklimmen. Wie sich schon am Tourenprofil erkennen lässt, hält sich die Anstrengung allerdings in Grenzen. Dennoch, der Ausblick auf Frankfurt und das Umland ist phänomenal und der Lohrberg selbst eine Oase der Erholung. Über die Hansaallee tauchen wir in den Stadtteil Dornbusch ein. Wir queren die stark befahrene Miquelallee und ein paar Minuten später die Eschersheimer Landstraße. Nun folgen wir dem Marbachweg, vorbei am Hauptfriedhof bis zur Überquerung der A 661, wo wir bereits einen Blick auf die Skyline haben. Wir queren direkt dahinter die Friedberger Landstraße und fahren dann parallel zu dieser auf einem Radweg entlang. So schnell haben wir den Trubel der Großstadt hinter uns gelassen – vom Lärm der Zubringerstraßen abgesehen.

Frankfurts grüner Osten

Direkt an der Friedberger Landstraße stoßen wir auf das Restaurant Altes Zollhaus, ein restauriertes Fachwerkhaus mit umfangreicher Speisekarte.

Wir biegen nun auf den Berger Weg ab und radeln zwischen Feldern, einer Streuobstwiese und einer Gartenanlage hindurch beinahe unmerklich den Lohrberg hinauf. Ein toller Skylineblick vom Lohrberg auf die Stadt öffnet sich. Um die Jahrhundertwende wurde auf dem Berg der Lohrpark als Volkspark angelegt. Die weite von alten Bäumen gerahmte Wiese ist das Herzstück des Parks. Hier lässt es sich zu jeder Tageszeit wunderbar verweilen, die schönsten Fotos schießen, ein Picknick veranstalten oder auf den dafür vorgesehenen Flächen den eigenen Grill anwerfen. Insbesondere zum Sonnenuntergang ist der Blick auf die Skyline vor der Parkkulisse atemberaubend schön. Direkt neben der Wiese mit Panoramablick befindet sich die Lohrberg-Schänke (Auf dem Lohr 9, 60389 Frankfurt am Main), in der leckeres Essen serviert wird.

# Highlights
## am Wegesrand

**Frankfurts Weinberg**
Etwa 1,3 Hektar umfasst Frankfurts Weinanbaufläche, die zum Anbaugebiet Rheingau gehört.

**185**
Meter hoch ist der Lohrberg, der als Hausberg von Frankfurt gilt.
Er ist der einzig verbliebene Weinberg innerhalb des Stadtgebietes.

**10.000**
Flaschen „Lohrberger" werden jährlich aus den auf dem Lohrberg wachsenden Trauben erzeugt. Der Wein ist im Winzergeschäft im Römer erhältlich.

**Eis Christina**
Gönn dir eine Kugel Eis im bekanntesten Eisladen der Stadt. Das Sortiment bei Eis Christina ist umfangreich und kreativ: Zur Auswahl stehen unter anderem die Geschmacksrichtungen Grüne-Soße, Basilikum-Limette und Pannacotta.

Wir setzen unsere Tour fort und bewundern den Weinhang vor der Skyline-Kulisse: Nicht viele deutsche Großstädte können sich eines eigenen Weinbergs rühmen. Am „Lohrberger Hang" befindet sich ein Stück des berühmten Anbaugebiets Rheingau. Auf der gegenüberliegenden Seite entdecken wir ein Planschbecken. Es ist Teil des sogenannten „Kinder-Erholungsgartens", einem großen Spielplatz. Hier oben auf dem Lohrberg fehlt es an nichts, problemlos kann man mehrere Stunden hier verbringen. Kein Wunder, dass viele Frankfurter so gerne hierherkommen.

Wir machen einen kurzen Stopp am MainÄppelHaus (Klingenweg 90, 60389 Frankfurt am Main), wo sich ein Naturerlebnisgarten, eine Kelterei und ein Hofladen befinden. Hier bleiben wir auf ein Glas selbst gekelterten Apfelsafts und

Einmalig: Ein Wasserschloss mitten in Frankfurts Stadtgebiet

nehmen noch eine Flasche des hofeigenen Mosts mit nach Hause. Durch die den Lohrberg rahmende Gartenanlage radeln wir nach Bergen-Enkheim hinab. Dann führt unser Weg auf einer ehemaligen Straßenbahntrasse gemütlich bergab an Seckbach vorbei Richtung Riederwald. Am Bornheimer Hang blicken wir auf das zweitgrößte Stadion Frankfurts, die PSD Bank Arena sowie die Frankfurter Eissporthalle. Oberhalb des Bornheimer Hangs befindet sich der Bornheimer Ratskeller (Kettelerallee 72, 60385 Frankfurt am Main). Das Restaurant ist wirklich empfehlenswert – das Essen lecker, der Biergarten gemütlich und mit genügend Platz für spielende oder herumtobende Kinder und unweit vom Lokal befinden sich mehrere Kinderspielplätze.

Unsere Tour verläuft weiter durch den Ostpark, dessen Ausdehnung uns wirklich überrascht. Der Ostparkweiher ist deutlich größer als diverse Weiher anderer Frankfurter Parkanlagen, beim Beobachten der Wildgänse fühlen wir uns beinahe wie in einem Naturschutzgebiet. Hinter dem Weiher kommen wir an einem futuristischen Gebäude vorbei, einer Notunterkunft für Obdachlose. Sie ist umsäumt von einem gepflegten Schulgarten. Wir verlassen den Park und folgen der Ostparkstraße stadteinwärts entlang der Bahngleise. Auf Höhe des Ostbahnhofs fahren wir unmittelbar am größten Frankfurter Urban-Gardening-Projekt vorbei. Danach gelangen wir zum Frankfurter Zoo.

Nun geht es weiter durch die Friedberger Anlage, an deren Ende wir am Bethmannpark (Mauerweg 8, 60316 Frankfurt am Main) halten und die Räder kurze Zeit abstellen. Mit seiner vielfältigen Blüten-

pracht und den üppigen Blumenbeeten gleicht der Bethmannpark einem kleinen Kurpark. Schmuckstück ist der chinesische Garten, der mit Teich, kleiner Brücke und einem drachengeschmückten Stufenportal nach den klassischen Gestaltungsprinzipien der Harmonielehre Feng Shui angelegt wurde. Ein wunderbarer Ort zum Meditieren. Tiefenentspannt setzen wir unsere Tour in Richtung Innenstadt fort. Gegenüber dem ältesten Frankfurter Kino, dem Eldorado Filmtheater liegt die „The Espresso BAR" (Schäfergasse 42–44, 60313 Frankfurt am Main). In der kleinen Bar breitet sich zwischen Tartufo-Pralinen, Americano und Negroni und einer Bedienung in weißem Hemd und Fliege das wohlige Gefühl von Dolce Vita aus. Umrahmt ist die Szenerie von passender Kaffeehausmusik. Seinen Espresso genießt man am besten jedoch vor der Tür – typisch italienisch im Stehen bzw. direkt auf dem Rad. Nach unserem Kurztrip nach Italien kommen wir zurück auf den Asphalt der Großstadt – per Pedale.

Wir setzen unsere Runde fort, kommen am Eschersheimer Turm vorbei und fahren auf dem Oeder Weg zurück ins Nordend-West. Hinter dem Adlerflychtplatz bitte rechts in die Stalburgstraße abbiegen und bis zur Eckenheimer Landstraße fahren, um zu Eis Christina (Eckenheimer Landstraße 78, 60318 Frankfurt am Main) zu gelangen. Schon von Weitem erkennen wir an der langen Warteschlange die berühmteste Eisdiele der Stadt. Seit 1974 besteht Eis Christina in Frankfurt und zählt inzwischen zu den besten Eisdielen Deutschlands. Nach diesem letzten Schlemmer-Abstecher kehren wir zurück zum Ausgangspunkt der Tour, wo wir am Kiosk im Holzhausenpark noch ein kühles Getränk genießen.

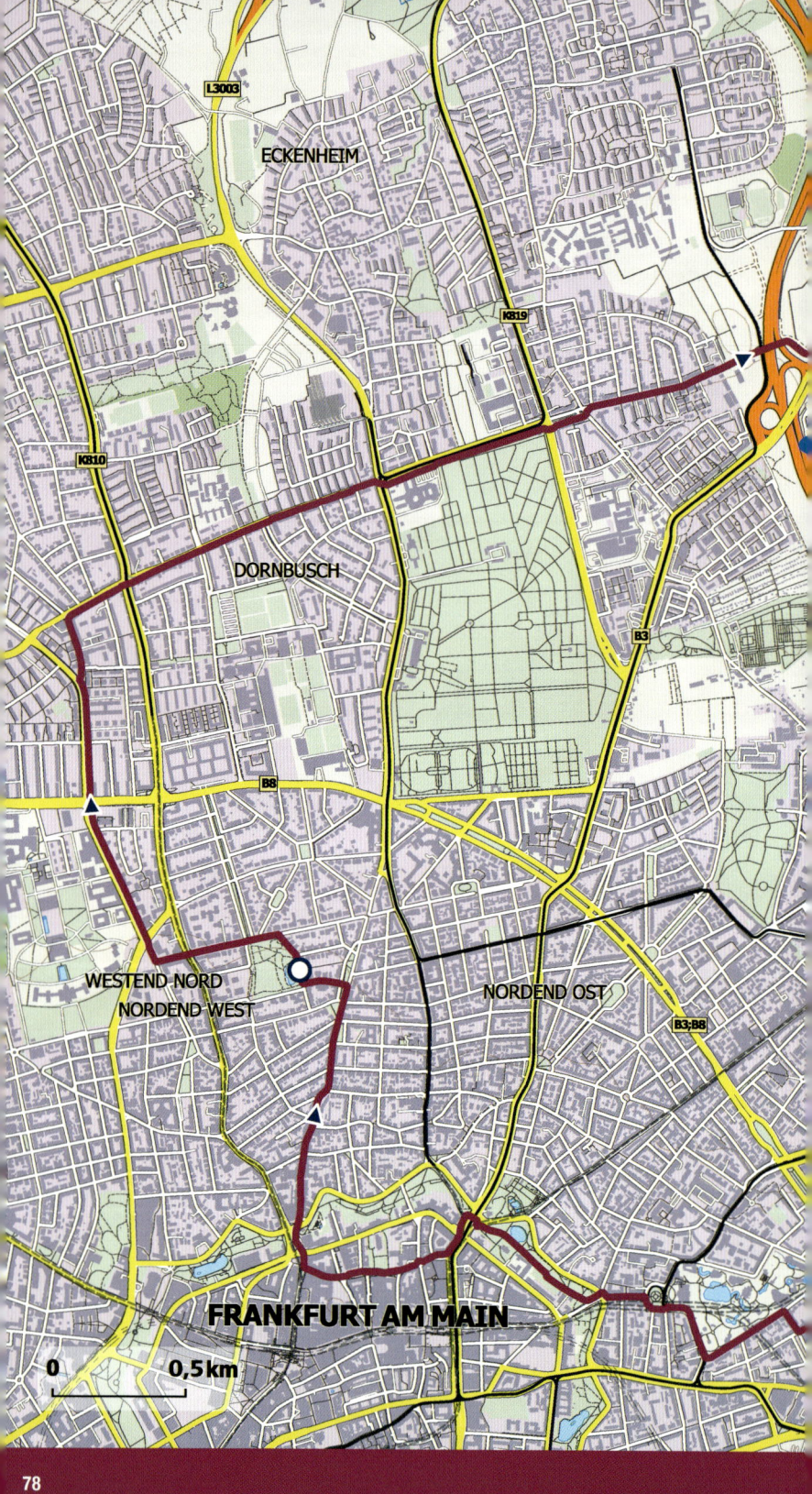

*Entspannte Runde von Frankfurt-Bockenheim zum Spielpark Hochheim*

# 9 EINFACH MAL SEIN

Spielpark Hochheim

*vom*
# KIRCHPLATZ BOCKENHEIM

*41,1 Kilometer*
*80 Höhenmeter*

*zum*
# BAHNHOF HOCHHEIM

Bockenheim ist einer der bevölkerungsreichsten Stadtteile Frankfurts und gerade einmal drei Kilometer von der Innenstadt entfernt. **Von hier aus sind wir schnell an der Nidda und bald auch am Main, wo wir an der Uferbar in Okriftel rasten. Bei Hattersheim liegt uns der Duft von mehr als 6.500 Rosen in der Nase. An den Weilbacher Kiesgruben sind wir mitten in der Natur. Wir besteigen die Flörsheimer Warte und lassen den Tag im Spielpark Hochheim ausklingen.**

Familienfreundliche Tour mit Spielplätzen und angelegten Naturparks, kaum Steigungen, abwechslungsreiche Landschaft, Fährverbindung in Höchst. GrünGürtelradweg bis Höchst, dann Mainradweg bis Hattersheim, dann Regionalparkrundroute (rot-weiße Markierung) bis Spielpark Hochheim.

Wir starten am Kirchplatz in Bockenheim. Von hier geht es auf dem Grün-Gürtelradweg durch das Stadtgebiet von Rödelheim, vorbei an der Trinkhalle auf der Insel, wo wir einen kurzen Stopp für kühle Getränke einlegen. Man munkelt, dass man hier sogar ab und an Rödelheims Finest, den Rapper „Moses Pelham" trifft. Direkt hinter diesem urtypischen Frankfurter Wasserhäuschen führt der Weg an der Nidda weiter. Wir fahren eine Weile am Ufer entlang, wo wir zahlreiche Rast- und Spielplätze, aber – insbesondere im Frühling – auch herrliche Naturschauspiele, wie ein gro-

# Highlights
## am Wegesrand

**Kleine Snacks**
An der Flörsheimer Warte werden kleine Snacks, Brezeln, Spundekäs, Handkäs und Bauernsalat serviert. Außerdem gibt es regionale Spezialitäten wie Rheingauer Käse oder Wisperforellen.

**Hochheim**
Historische Altstadt zwischen Weinbergen; verwunschene Gässchen, prachtvolle Villen und namhafte Weingüter erwarten uns in Hochheim.

**15**
Meter hoch ist die Tunnelrutsche im Spielpark Hochheim. Nicht weniger aufregend ist der 13 Meter hohe Tarzanschwinger. – Hui!

ßes Froschkonzert an einem Weiher direkt am Radweg vorfinden. Das Quaken ist nicht zu überhören und zieht die neugierigen Blicke der Radfahrer und Spaziergänger auf sich. Auf der Nidda beobachten wir vereinzelt Paddelboote, Schwäne und Nutrias, die in großer Zahl vorhanden und sehr zahm sind. Besonders schön wird es am Höchster Wehr, wo sogar noch ein altes Wehrhäuschen das Ufer ziert. Hier gibt es tolle Rastplätze direkt am Wasser.

Wir fahren unter Deutschlands zweitältester Eisenbahnbrücke hindurch. Die Bogenbrücke wurde 1838 errichtet und ging 1839 in Betrieb. Auf der Eisenbahnbrücke Nied überquert die Taunus-Eisenbahn die Nidda. Nachdem wir am Industriestandort Frankfurt-Höchst mit der Fähre Richtung Schwanheim über den Main gesetzt haben, führt unser Weg vor Sindlingen über eine Brücke wieder auf die andere Flussseite zurück zum Sindlinger Mainufer. Nun befinden wir uns auf dem Mainradweg, der uns zunächst am Okrifteler Wäldchen vorbeiführt. Hier kommen wir an der gemütlichen mit Liegestühlen ausgestatteten Uferbar nicht vorbei, ohne eine kurze Rast zu machen.

Nach etwa einer Stunde reiner Fahrzeit eröffnet sich die Sicht auf das Rosarium in Hattersheim. Im Jahr 1997 eröffnet, ist

*Niddamündung in den Main bei Frankfurt-Höchst*

der Standort kein Zufall: Eine mehr als 100 Jahre alte Tradition hat Hattersheim den Beinamen „Stadt der Rosen" eingebracht – auch wenn heute nur noch in Okriftel kleinere Rosenfelder zu finden sind. Auf einer Fläche von 1,3 Hektar blühen mehr als 6.500 Rosen. Zu den hier angebauten Sorten zählen unter anderem Wasserrosen sowie die Hattersheimer Züchtungen „Wilhelm Kauth" und „Gretel Greul" aus den Jahren 1930 und 1939. Eine neue Züchtung erhielt hier im Sommer 2000 den Namen „Rosarium Hattersheim". Im Mittelpunkt steht die 6,50 Meter hohe Rosenpyramide, über und über von Kletterrosen umrankt. Im Rosarium finden ganzjährig wechselnde Veranstaltungen wie Konzerte, Lesungen und Feste statt. Für Rosenfans werden außerdem mehrfach im Jahr Kurse rund um das Thema Rosen angeboten.

Von Hattersheim führt unser Weg auf der Regionalparkrundroute weiter an einem Waldstück entlang und schließlich zwischen Feldern hindurch bis zu den Weilbacher Kiesgruben. Hier legen wir eine längere Pause ein. Das Besucherzentrum des Regionalparks Rhein-Main und das seit vielen Jahren aktive Naturschutzhaus Weilbacher Kiesgruben bilden zusammen das Regionalpark-Portal. Hier an einem wichtigen Etappenpunkt der Regionalparkrundroute finden wir ein Informationszen-

Besucherzentrum der Weilbacher Kiesgruben

trum, Ausstellungen, einen Spielplatz mit Kletterwald, einen Aussichtsturm, von dem wir einen Blick auf den Flughafen und die Frankfurter Skyline haben, einen kleinen Teich sowie reizvolle Spazierwege mit der Möglichkeit, Biotope und seltene Tiere zu beobachten. Einkehren können wir im Gasthaus „Zum Wilden Esel" (dienstags bis sonntags ab mittags geöffnet), welches regionaltypische Küche anbietet.

Wir bleiben auf der Regionalparkrundroute und legen nach etwa 20 Minuten an der Flörsheimer Warte (Landwehrweg, 65439 Flörsheim) unseren nächsten Stopp ein. Die Flörsheimer Warte in den Wickerer Weinbergen war ursprünglich einer der vier Wachttürme entlang der „Kasteler Landwehr". Das Verteidigungsbauwerk hatten die Mainzer Erzbischöfe im 15. Jahrhundert errichten lassen, um ihre rechtsrheinischen Besitzungen mit den Dörfern Kastel, Kostheim, Flörsheim und Hochheim zu schützen. Im Unterschied zu den historischen Stadtbefestigungen sind bei einer Landwehr gemauerte Elemente rar. In der Regel waren es herausgehobene Wachtposten wie die Flörsheimer Warte, die so dauerhaft befestigt wurden. Heute wird die Flörsheimer Warte bewirtschaftet und man kann inmitten der Weinberge im Schatten des 30 Meter hohen Wartturms mit seinen vier Etagen einen „guten Schoppen" Rheingauer Weines genießen oder hinauf zur vierten Ebene in rund elf Metern Höhe steigen und den weiten Ausblick über die Region bis hinunter zum Odenwald bewundern. Wir entscheiden uns für Letzteres und brechen bald wieder auf. Kurz hinter der Warte hält die Regionalpar-

krundroute einen Treppenabschnitt bereit, der uns zum Absteigen zwingt. Wer etwas mehr Zeit hat, kann einen kleinen Umweg fahren.

Unsere letzte Etappe führt uns zum Spielpark Hochheim. Der Spielpark ist bei Familien mit Kindern überregional bekannt und wurde auf dem Gelände einer ehemaligen Kiesgrube errichtet. Das schlägt sich in der Gestaltung des weitläufigen Freizeitgeländes mit seinen welligen Geländeformen ebenso nieder wie in den verwendeten Materialien und der Bepflanzung. Das Gelände bietet viel Raum für ein Picknick, ausgelassenes Toben und es gibt viele Spielgeräte zu entdecken. Auf einer Fläche von mehr als 50.000 Quadratmetern gibt es beispielsweise eine 15 Meter hohe Tunnelrutsche oder einen 13 Meter hohen Tarzanschwinger. Das Krähennest, ein Netztunnel und eine Dschungelbrücke laden ebenso zu sportlicher Betätigung ein wie eine 50 Meter lange Doppelseilbahn und eine Königinnenschaukel. Zudem fordern eine Seilkonstruktion und Baumstämme zum Balancieren heraus. Für kleinere Kinder gibt es auch ausgedehnte Sand- und Kiesflächen – dennoch lohnt sich der Ausflug vor allem mit älteren Kindern. Wir nutzen unser Tourenziel deshalb für ein ausgedehntes Picknick und lassen uns von der Bushaltestelle Hochheim (Main) Lindenhof zunächst nach Hochheim-Bahnhof und dann per S-Bahn zum Frankfurter Hauptbahnhof zurückbringen. (Einfacher und schneller ist es, direkt zum Bahnhof Hochheim zu fahren.) Von Hochheim dauert die Rückfahrt zum Frankfurter Hauptbahnhof zwischen 20 und 30 Minuten.

*Von der Neuen Altstadt durch Frankfurt zum Goetheturm*

# 10 ARCHITEKTUR ENTDECKEN

*Start/Ziel*

# NEUE ALTSTADT FRANKFURT

*Rundtour*

*36,5 Kilometer*

*170 Höhenmeter*

Blick vom Goetheturm

Frankfurt strotzt vor beeindruckender Architektur. Auf unserer Runde flanieren wir durch die neu gestaltete Frankfurter Altstadt, essen Eis auf der Hafeninsel in Offenbach und genießen den Ausblick auf die Skyline vom Goetheturm.

Für die ganze Familie geeignet, kaum Steigungen und gut asphaltierte Wege, viel zu entdecken für Kinder ab etwa vier Jahren und Erwachsene. Fährübergang in Rumpenheim. Für E-Bikes geeignet. Einzelne Abschnitte über GrünGürtelradweg.

Mitten in der Neuen Altstadt von Frankfurt geht es los – ein echter Höhepunkt für Architekturfans. Nach langer Bautätigkeit zwischen Römer und Dom ist das Jahrhundertprojekt Altstadtrekonstruktion 2017 vollendet worden. So bietet der kleinste Stadtteil Frankfurts eine gelungene Mischung aus modern und altertümlich und erinnert an die bewegte Geschichte der Stadt. Eine besondere Attraktion für Kinder ab etwa vier Jahren ist das Struwwelpeter-Museum (Hinter dem Lämmchen 2–4, 6031 Frankfurt), in dem Kinder mit viel Spaß und Spiel die Geschichten neu entdecken und zum Leben erwecken können. Wer noch eine Stärkung braucht bevor es losgeht wird im Frankfurter Kaffeehaus Hoppenworth & Ploch oder an der Wurstbraterei der Altstadtmetzgerei fündig.

Was man von Frankfurt nicht sofort sieht: Die Neue Altstadt

Über Konstablerwache und Nordend nehmen wir Kurs auf den Frankfurter Osten mit seinem ausgedehnten Ostpark und der Eissporthalle. Nach Querung der Autobahnen landen wir beim legendären Abenteuerspielplatz Riederwald (http://abenteuerspielplatz.de) im gleichnamigen Wald. Schon die Allerkleinsten lädt der Spielplatz zum Bauen, Klettern, Schaukeln, Toben und Matschen ein.

Nach einer kurzen Spielpause geht es weiter über Grünflächen. Kurz bevor wir den Main passieren, queren wir den GrünGürtelradweg. Am Fluss entlang führt ein ebener Radweg bis zur Auto- und Radfähre nach Rumpenheim, die uns innerhalb von wenigen Minuten über den Main zum Rumpenheimer Schloss bringt. Sehenswert ist hier insbesondere der Schlosspark im Stile eines Englischen Gartens mit verschlungenen Pfaden.

Wir fahren nun auf der anderen Mainseite zurück bis zur Fechenheimer Fußgängerbrücke, wo wir den Main erneut queren, um am Mainbogen ein ganz besonderes Naturschauspiel zu erleben: Der Seitenarm des Mains ist ein Überschwemmungsgebiet. Nach der Renaturierung kann das Wasser die Auenlandschaft wieder durchströmen, die Tieren und Pflanzen vielfältige Lebensräume bietet.

Unser Weg führt weiter bis nach Offenbach am südlichen Mainufer, wo wir auf der Hafeninsel rasten und ein Eis bei „LaLuna" essen. Die Hafeninsel bietet einen einzigartigen Blick auf das Wasser, ins Grüne und auf die Frankfurter Skyline. Die Inselspitze ist ein exponierter Logenplatz.

# Highlights
## am Wegesrand

beispielsweise Outdoor-Kino oder Open-Air-Konzerte. Am Hofladen Krämer können wir die Grüne-Soße-Kräutermischung ganz frisch vom Feld oder schon fertig verarbeitet als hausgemachte Grüne Soße kaufen.

**80er**
Jahre-Style finden wir in der Saalgasse hinter der Schirn-Kunsthalle. Mit der ausgefallenen Wohnbebauung wurde hier versucht, Stadthäuser mit den Ausdrucksformen der Architektur der 80er Jahre zu errichten.

**Mehr als nur Skyline**
Dass Frankfurt mehr zu bieten hat als Banken in Hochhäusern, die dicht nebeneinander eine beeindruckende Silhouette bilden, beweist diese schöne Runde.

**20**
Km liegen hinter uns, wenn wir das Kulturzentrum Hafen 2 passieren. Hier finden ganzjährig wechselnde Veranstaltungen statt. Im Sommer

Wir radeln am Main entlang bis zum beliebten Ausflugslokal Gerbermühle. Hier kann man gemütlich sitzen, Bratwurst essen und die Kinder spielen lassen – die Frankfurter Skyline stets im Blick. An der Gerbermühle verlassen wir den Uferradweg und nehmen Kurs auf Oberrad. Zwischen Gleisen und Feldern fährt es sich gemütlich, bevor es am Rande Oberrads den Berg hinauf in Richtung Stadtwald geht. Man kann vom Main durchaus einen direkteren Weg zum Stadtwald wählen, aber wir schlagen lieber einen kleinen Bogen, um gemütlich am Rand der städtischen Landwirtschaftsflächen noch einmal auf EZB und Skyline zurückblicken zu können und uns nicht mitten durch den belebten Stadtteil Oberrad schlängeln zu müssen. Direkt hinter Oberrads folgt ein ländlich anmutender Abschnitt mit Kleingartenanlagen und Pferdekoppeln. Wir fahren am Waldfriedhof vorbei in den Stadtwald hinein. Auf unserem Weg zum neuen Goetheturm passieren wir den Waldspielplatz Scheerwald, der aufgrund seiner schattigen Lage und seiner Wasserspiele besonders im Sommer

ein beliebter Anlaufpunkt ist. Von dort geht es weiter am Rande des Stadtwaldes entlang und für einen kurzen Moment befinden wir uns wieder auf dem GrünGürtelradweg. Wir rasten schließlich am Fuße des über 43 Meter hohen Goetheturms – ein Frankfurter Wahrzeichen. Der 1931 vollständig aus Holz erbaute Turm wurde im Jahr 2017 durch Brandstiftung komplett zerstört und in den Folgejahren wieder aufgebaut. Der Wiederaufbau erfolgte, auch auf Wunsch der Frankfurter Bürger, möglichst originalgetreu. Der neue Goetheturm ist jährlich von April bis Oktober geöffnet. Neben einer Gaststätte und Toiletten befindet sich unterhalb des Turms auch ein Waldspielpark mit Planschbecken und Irrgarten mit GrünGürtel-Tieren.

Nach unserer Verschnaufpause radeln wir bergab nach Oberrad. Hier besuchen wir die Grüne-Soße-Felder, die sich zwischen Oberrad und Mainufer befinden. Grüne Soße, Kartoffeln und Eier sind ein typisch hessisches Gericht. Die Soße besteht aus sieben Kräutern, die hauptsächlich hier mitten im Stadtgebiet angebaut werden. Die Kräuter kauft man traditionell in einer Papierrolle eingewickelt auf den Frankfurter Wochenmärkten.

Jetzt führt unsere Tour wieder zurück in den Trubel der Stadt. Wir fahren zum Mainufer, genießen wieder den Ausblick auf die Skyline und kommen der Europäischen Zentralbank immer näher, unterhalb dieser sich der mit Bürgern gemeinsam geplante Hafenpark, ein

*Das Rumpenheimer Schloss von der Uferseite aus*

Sport- und Skatepark mit modernster Ausstattung sowie das verglaste Hafenlokal Oosten befinden. Ein Besuch auf der Sonnenterrasse lohnt sich allemal, um bei einem Drink auf Fluss, Skyline und EZB zu blicken und die zahlreichen sich im Landeanflug befindlichen Flugzeuge zu beobachten. Um zum Deutschen Architekturmuseum (DAM) (Henschelstraße 18, 60314 Frankfurt am Main) zu gelangen, bleiben wir weiterhin auf der gegenüberliegenden Flussseite und gönnen uns den unverstellten Blick auf die EZB, bis wir zum Museumsufer kommen. Es zählt zu den wichtigsten internationalen Museumsstandorten. Ob zeitgenössische Kunst oder alte Meister, Goethe oder seine literarischen Erben, Welt- oder Geldkultur, ob Karikaturen oder Skulpturen, Design oder Stadtgeschichte: 38 Museen und Ausstellungshäuser finden wir entlang des Schaumainkais.

Letzter Stopp dieser durch Frankfurts einzigartige Architektur geprägten Tour ist das Gerippte im Gutleutviertel, das wir nach Überquerung der Friedensbrücke erreichen. Der über 112 Meter hohe Westhafen Tower wurde 2004 fertiggestellt und wird wegen seiner an ein Frankfurter Apfelweinglas erinnernden Struktur im Volksmund „Geripptes" genannt. Bevor wir am Mainkai entlang bis zum Ausgangspunkt am Struwwelpeter-Museum fahren, lassen wir uns auf ein Tischtennis-Match unterhalb des Hochhauses ein.

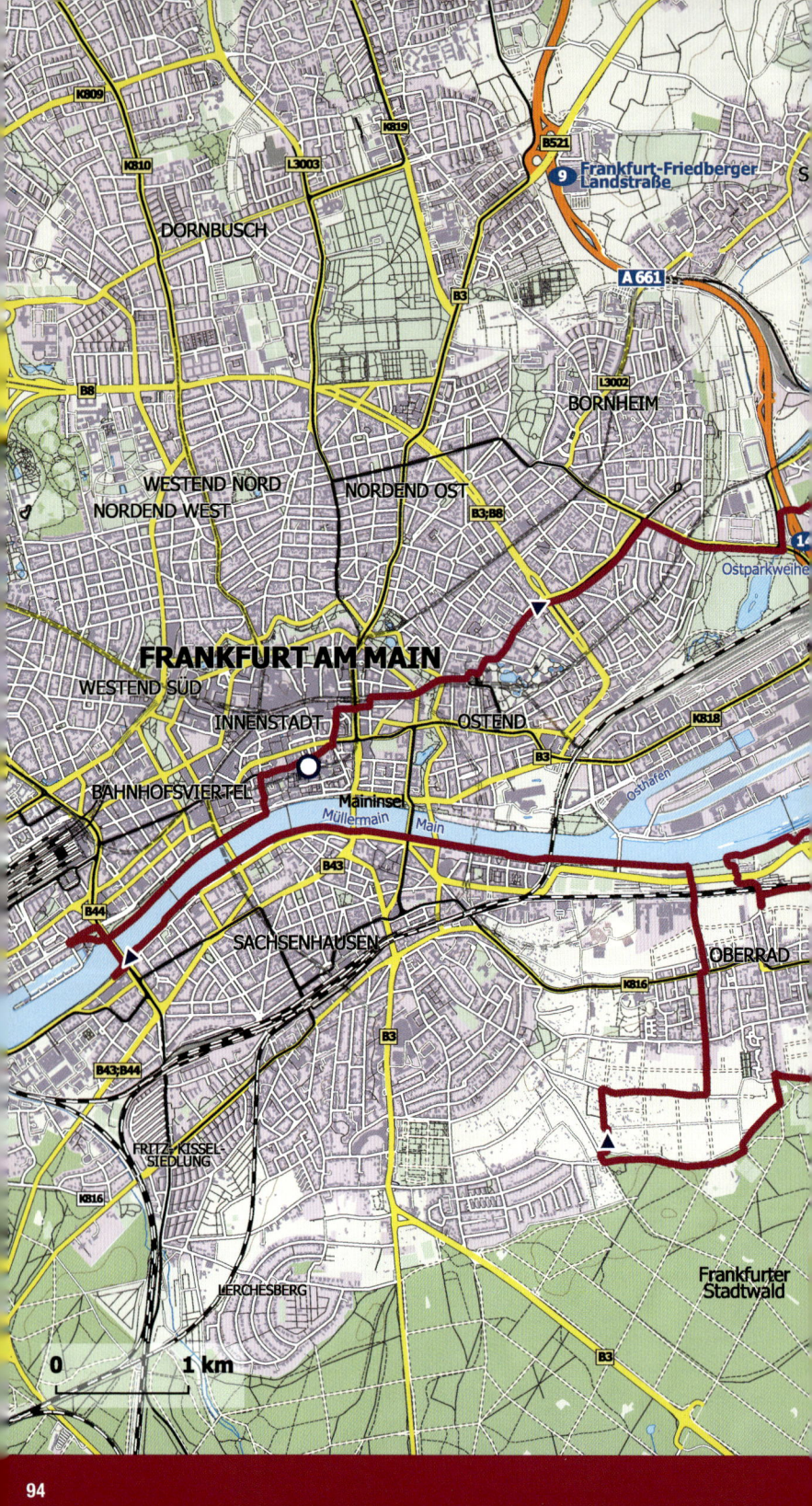

*Zwischen Main und Seenlandschaft*

# 11 OFFENBACH AM MEER

Start/Ziel
# WILHELMS-PLATZ

*Rundtour*
*30,8 Kilometer*
*175 Höhenmeter*

Frankfurt bietet so manchen Winkel ganz nah am Main

Als Frankfurter eine Tour in Offenbach starten? Vielleicht ist das für den einen oder anderen eine Tour, die man so nie gemacht hätte, aber sie ist unbedingt die Anreise wert! Wir erfahren etwas über das Wetter, entdecken eine Perle der Natur und betrachten eine beeindruckende Schleuse.

Für die ganze Familie geeignet. Besonders in den warmen Sommermonaten ist der Schultheis-Weiher schön zum Baden. Die Runde trifft auf Regionalparkrundroute, Fernradwege R3 und R4 sowie Mainradweg. Im Waldgebiet bei Mühlheim und an den Steinbrüchen Wanderwege und teilweise schmale Wegabschnitte. Je nach Jahreszeit kann es viele Insekten geben.

Zwischen Frankfurt und Offenbach besteht seit jeher eine gewisse Spannung. Für Zugezogene wie mich ist so manch ein spöttischer Kommentar gegenüber Offenbach nicht ernst gemeint. Im Gegenteil: Offenbach sollte man sich anschauen! Es gibt wirklich viele schöne Ecken. Das Büsingpalais beispielsweise ist Offenbachs repräsentativstes Gebäude. Es entstand in seiner ursprünglichen Form 1775/76 als dreiflügeliges Stadtpalais der Schnupftabak-Fabrikanten Bernard und d'Orville. Später wurde es als neobarocke Schlossanlage ausgebaut. Heute ist es teilweise ein Hotelkomplex und der andere Teil wird für städtische Veranstaltungen genutzt. Davor befindet sich der Büsingpark, der Stadtpark Offenbachs. Sehenswert ist auch die histo-

# Highlights
## am Wegesrand

**Aus dem Holzofen**
Frisches Brot und Bruschetta aus dem Holzofen finden wir auf dem Wochenmarkt am Wilhelmsplatz in Offenbach.

**180**
Nationen und rund 360.000 Menschen leben im Kreis Offenbach. Der Landkreis bietet dennoch einen Mix aus Großstadt und Grünem. Über 40 Prozent der Fläche sind bewaldet und bieten Erholungssuchenden viel Platz.

**1982**
endete in den Dietesheimer Steinbrüchen der Basaltabbau. Dieser sorgte für die in der Region einzigartigen bizarren Felsstrukturen. Nach der Stilllegung der Basaltproduktion entstand eine beeindruckende Seenlandschaft.

**11**
Hektar und nur drei Meter tief ist der Schultheis-Weiher, der das Kernstück eines 27 Hektar großen Naturschutzgebietes ist, in dem Pirol und Buntspecht brüten, Zugvögel Rast machen und auch der Eisvogel zu Hause ist.

rische Altstadt, das Mathildenviertel mit seinen zahlreichen Gründerzeit- und Jugendstilwohnhäusern und vor allem der einzigartige Wochenmarkt. Hier auf dem Wilhelmsplatz in Offenbach beginnt unsere Runde.

Durch die Offenbacher Innenstadt radeln wir bis zum idyllisch gelegenen Wetterpark am Buchhügel in Offenbach. Seit 2005 befindet sich auf dem Gelände der ehemaligen Anzuchtgärtnerei der Wetterpark. Offene Landschaft und viele außergewöhnliche Bäume prägen seine Kulisse. Ein Themenpfad, der durch das Parkgelände führt, verbindet mittlerweile 14 Exponate von der vollautomatischen Wetterstation des Deutschen Wetterdienstes (DWD) bis hin zum 13 Meter hohen Sicht-Turm mit Blick auf Offenbach und Taunus. Wie entstehen eigentlich Jahreszeiten? Warum brauche ich einen Regenschirm, obwohl gerade noch die Sonne schien? Woher kommt

Die Dietesheimer Steinbrüche zeigen ein verändertes Bild

der Regenbogen und was genau ist ein Tiefdruckgebiet? Antworten auf diese Fragen werden bei Führungen durch den Wetterpark gegeben. Diese eignen sich für jede Altersklasse. Mit dem Regionalpark Besucherzentrum am Kilometer 113,8 der Regionalparkrundroute hat der Wetterpark seit Juli 2014 eine weitere Attraktion. Das Besucherzentrum ist einer Wetterschutzhütte nachempfunden und man kann hier Wetterphänomenen wie Regionalklima oder optischen Erscheinungen nachspüren und sogar selbst einen Tornado erzeugen. Außerdem gibt es eine Ausstellung zum Regionalpark RheinMain.

Unsere Route führt nun in leichtem Auf und Ab über den Bieberer Berg. Wir kommen an einem schönen Spielplatz vorbei und beim Sparda-Bank-Hessen-Stadion. Hinter dem Bahnhof Offenbach-Bieber fahren wir durch Felder und Wiesen bis Zur Käsmühle (Dietesheimer Str. 408, 63073 Offenbach am Main), einem rustikalen Ausflugslokal mit Weinstube, Terrasse und schönem Biergarten. Hier lassen wir uns ein Handkes-Trio schmecken. Der Weg führt uns nun durch ein Waldgebiet zum Mülheimer Stadtteil Lämmerspiel, wo unmittelbar an der Route das nette Café Goldkännchen (Bischof-Ketteler-Straße 23–25, 63165 Mühlheim am Main) liegt. Außer montags werden hier täglich sehr leckere Torten und Kuchen angeboten – natürlich auch der berühmte „Frankfurter Kranz".

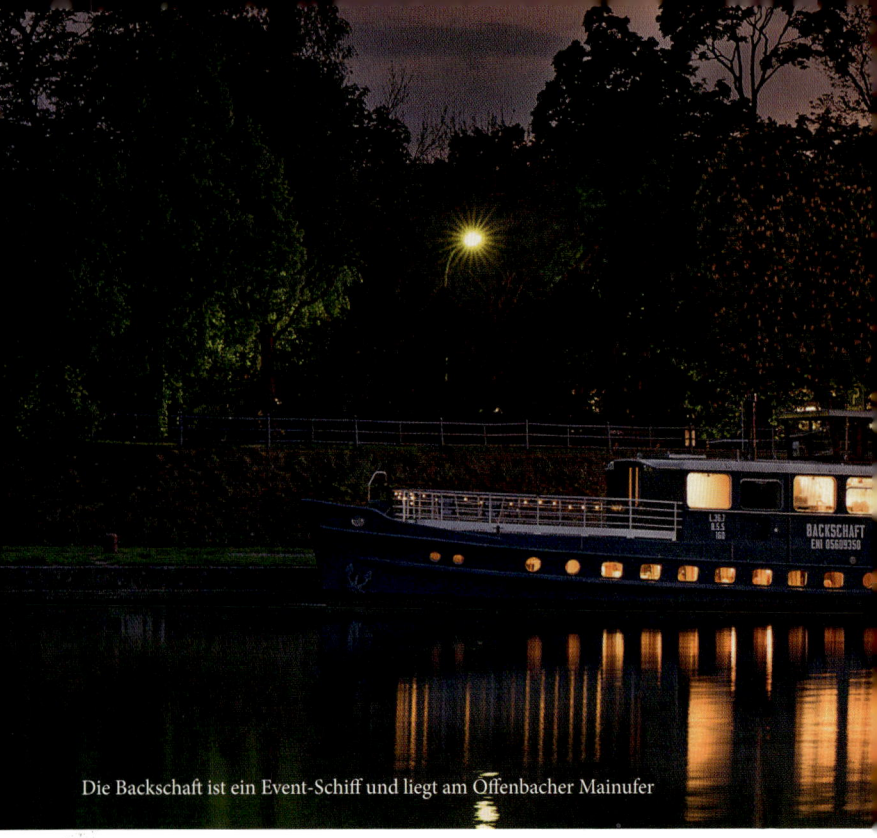
Die Backschaft ist ein Event-Schiff und liegt am Offenbacher Mainufer

Wir fahren aus dem Ort hinaus, am Friedhof vorbei und wieder in den Wald hinein. Über Wanderwege geht es nun bis zu den Dietesheimer Steinbrüchen. Die ehemaligen Basaltsteinbrüche sind heute ein attraktives Naherholungsgebiet. Neben den größten Seen, dem Vogelsberger See und dem Oberwaldsee, wird das reizvolle Landschaftsbild durch eine Reihe kleinerer Seen ergänzt. Hohe Steilwände sind als bizarre Felsformationen zu bewundern, die in der Rhein-Main-Region einzigartig sind. Zur Rekultivierung sind am Vogelsberger See und am Oberwaldsee rund 120.000 Bäume, meist Eichen und Erlen, sowie annähernd 7.000 Sträucher gepflanzt worden.

Die Wege im Naturschutzgebiet sind zwar gut begehbar, für Radfahrer aber an manchen Stellen schmal und dicht bewachsen, weshalb es sich anbietet, von den Rädern abzusteigen und diese zu schieben oder gar abzustellen und eine Runde durch das Gelände zu spazieren. Ohnehin kommen wir an tollen Aussichtspunkten vorbei, an denen man wunderbar längere Pausen machen kann. Direkt auf unserer Route liegt eine fast 14 Meter hohe Canyon-Brücke, von der wir den schönsten Blick auf die einzigartige Landschaft haben.

Nach einigen Kilometern erreichen wir den Mülheimer Stadtteil Dietesheim mit der S-Bahn-Station Mühlheim(Main)-Dietesheim. Wer die Tour vorzeitig beenden möchte, kann hier einsteigen und zurückfahren.

Unsere Route führt uns weiter zum Mainufer. Hier entdecken wir die gro-

ße Schleuse bei Mühlheim. Sie besteht aus der großen Schleuse, der kleinen Sportbootschleuse, dem Wehr mit drei Wehrfeldern und einem Wasserkraftwerk. Dort wird aus der Energie des abfließenden Wassers Strom erzeugt. Staustufen stauen zunächst Wasser auf mit der Intention, einen Höhenunterschied zu überwinden. Die Schleuse ermöglicht auch in trockenen Sommern den Schiffsverkehr. Am Main geht es nun für weitere elf Kilometer auf einem asphaltierten Radweg entlang.

Wir fahren an Rumpenheim mit seinem Schloss vorbei und gelangen zum Bürgel-Rumpenheimer Mainbogen und dem Schultheis-Weiher. Ein natürlicher Freiraum am Rande des hochverdichteten Ballungsgebietes, der als Hessische Mainaue größtenteils unter Schutz steht. Hier machen wir Rast. Im Sommer bietet der See eine gute Gelegenheit für einen Badestopp – es gibt Duschen, Toiletten und eine Badeaufsicht. Zu jeder Jahreszeit lassen sich im hiesigen Vogelschutzgebiet Nachtigall, Teichrohrsänger und andere Vogelarten beobachten. Nun ist es nur noch ein kurzes Stück flussabwärts, bis wir wieder in Offenbach ankommen. Durch eine Eingangspforte mit der Aufschrift „Offenbach am Meer" geht es zurück zum Offenbacher Wilhelmsplatz. Wenn wir an der Eingangspforte nach rechts schauen, sehen wir am Mainufer das Eventschiff Backschaft liegen. Die Anmietung für private Anlässe kann ich nur empfehlen. Das Schiff bietet eine gelungene Mischung aus rustikaler Gemütlichkeit und hochwertiger internationaler Küche.

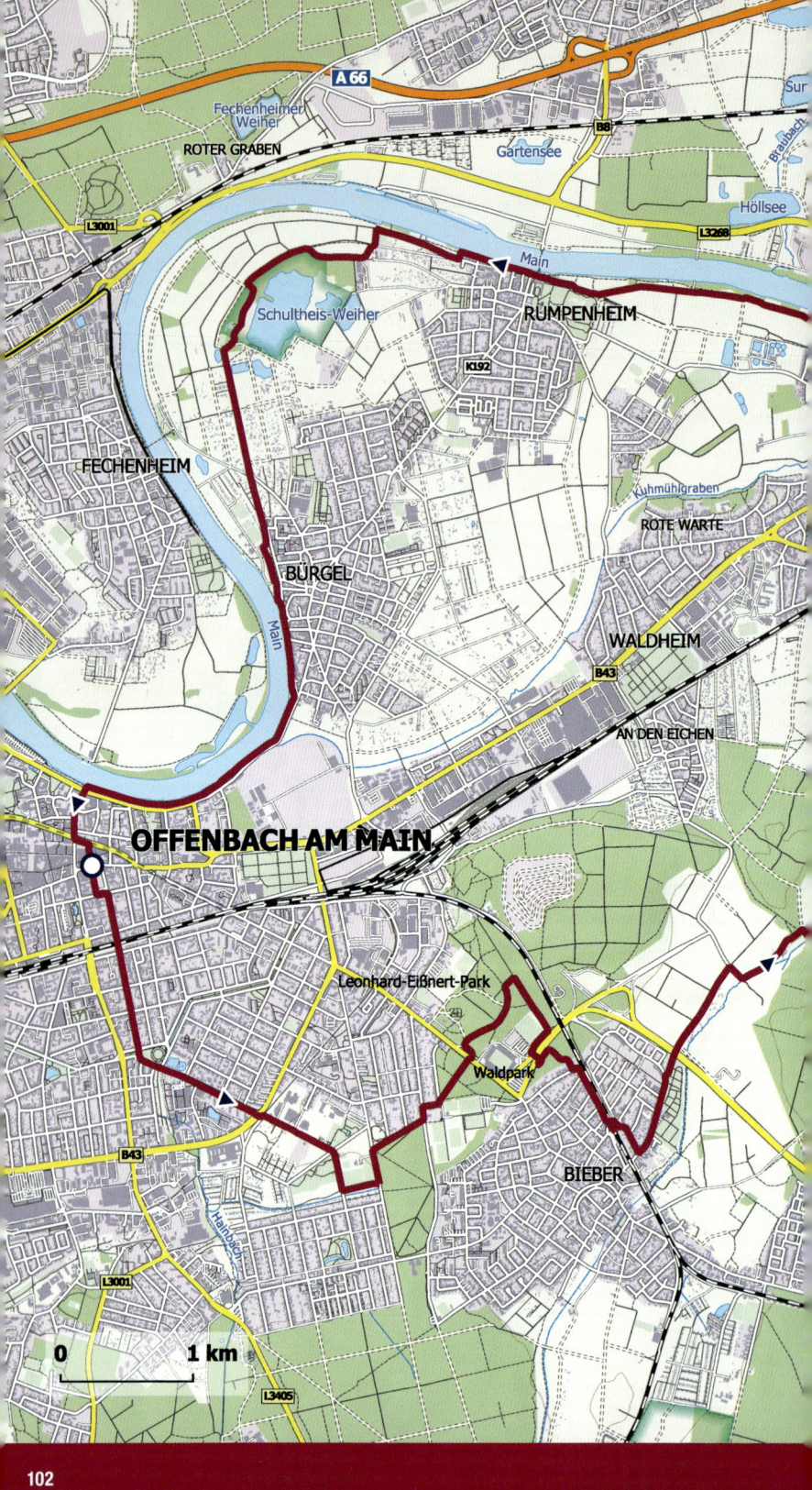

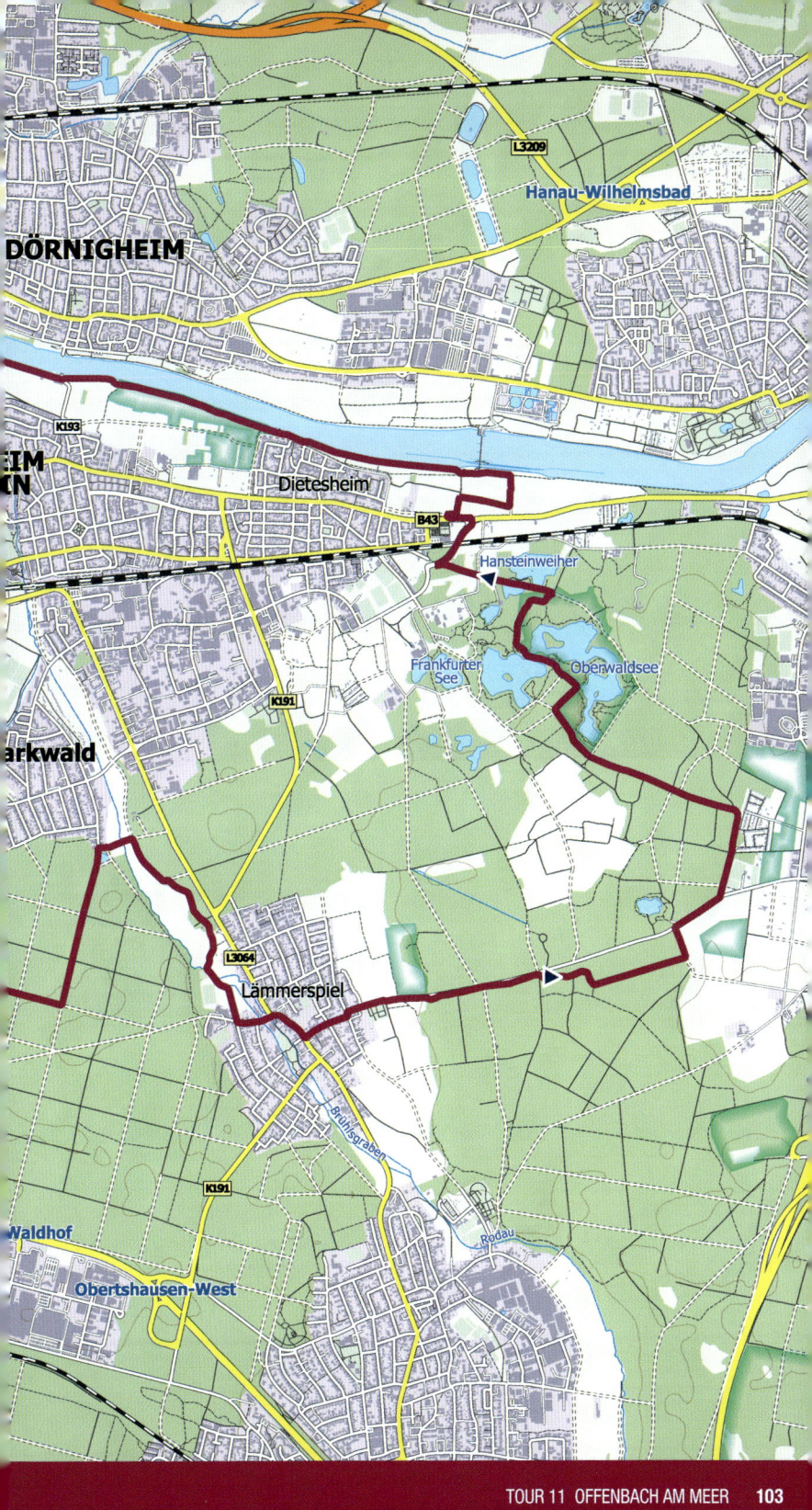

*Familientour mit wunderaren Ausflugszielen*

# 12 HANAU-STEINHEIM UND DER GRÜNE SEE

*Start/Ziel*

# HANAU-STEINHEIM

*Rundtour*
*23,3 Kilometer*
*45 Höhenmeter*

Lustvolles Radeln in Richtung Dörnigheim

Wir starten unsere Tour unterhalb des Stadttors in Hanau-Steinheim (auch Maintor genannt). Der S-Bahnhof ist rund 2 km entfernt, unsere Route führt fast daran vorbei. Wir können also auch dort starten. In jedem Fall ist das Maintor ein gut erkennbares Bauwerk für den Ausgangspunkt der Tour. Steinheim ist selbst schon ein lohnendes Ausflugsziel, und eine Besichtigung sollten wir nach der Rückkehr unbedingt einplanen.

Vom Maintor in Steinheim aus fahren wir auf dem Main-Radweg in Richtung Hanau. Schon nach kurzer Zeit kommt eine Engstelle mit wenig Sicht – aufpassen! Dann geht's durch eine Allee und der Weg stößt vor der Eisenbahnbrücke auf eine Gabelung. Zunächst müssen wir uns an der Gabelung vor der Brücke links halten, dann wieder links, Richtung S-Bahn und sofort scharf rechts die Rampe hinauf. Wir überqueren die Brücke in Richtung Hanau und radeln anschließend die Rampe wieder steil hinunter. Zum Schloss Philippsruhe ist es jetzt ausgeschildert. Wir fahren auf der rechten Mainseite in Richtung Hanau und folgen stets dem etwas kurvenreichen Weg. Wir kommen an einer Pizzeria vorbei, biegen rechts ab und sofort wieder links, dem R3 folgend. Wenn wir auf die Konrad-Adenauer-Straße stoßen, folgen wir weiter dem R3, der wieder links wegbiegt und uns durch Grün zur Mündung der Kinzig in den Main bringt. (Nach rechts wäre ein lohnens-

Das „Maintor", Stadttor in Steinheim

werter Ausflug in die nahe Innenstadt von Hanau möglich.) Wir fahren unter der Kinzigbrücke hindurch, die Rampe hinauf auf die rechte Seite der Straße in Hanau-Kesselstadt (auch links verläuft ein Radweg, der rechte ist aber breiter). Wir fahren gut gekennzeichnet weiter in Richtung Hanau, dann biegt der Weg am Fußgängerweg links weg hinunter zum Main. Kurz darauf ist die Abfahrt zum Schloss Philippsruhe erreicht.

Auf Kopfsteinpflaster geht es eine Rampe hoch zum schmiedeeisernen Tor, das zum Schloss und zum Park führt und das wir nach rund 4 km durchfahren. Wir fahren um das Schloss herum und in den Englischen Park hinein. Wir gönnen uns eine kurze Pause, das Schloss kann besichtigt werden und der Park ist sehr empfehlenswert. Zwei breite Rampen führen wieder direkt zum Radweg am Main hinunter. Wir folgen dem breiten Radweg am Spielplatz und an der Schleuse vorbei (wo wir den Main bereits überqueren können, wenn wir wollen). Der Weiterweg führt in eine Allee und ein Wäldchen hinein, dann geht's weiter durch Wiesen und in den Randbereich von Dörnigheim. Vorbei am Lokal zur Mainlust und einem Spielplatz mit Spielwiesen gelangen wir zur Fähre, die wir nach knapp 9 km erreichen. Hier überqueren wir den Main und gelangen nach Mühlheim am Main.

Wir fahren wieder die Rampe hinauf und folgen geradeaus der Hauptstraße. Wir

# Highlights
## am Wegesrand

**Museum Schloß Steinheim**
Ein Kunstmuseum, das historisch-archäologisch ist, im Schloss Steinheim in der Antikaltstadt von Hanau-Steinheim. Es widmet sich der örtlichen Frühgeschichte und Urgeschichte, der Römerzeit und der Steinheimer Großstadtgeschichte. Das Schloss ist etwa 5 Kilometer von Hanau-Steinheim entfernt.

**Stadt Seligenstadt**
Eine charmante Stadt am Main, die für ihre gut erhaltene Altstadt und ihre Fachwerkhäuser bekannt ist. Es gibt viele Radwege und Wanderwege in der Umgebung, die Sie erkunden können. Seligenstadt ist etwa 15 Kilometer von Hanau-Steinheim entfernt.

**Wildpark Alte Fasanerie**
Ein Wildpark, der sich auf einem 250 Hektar großen Gelände befindet und viele einheimische Tierarten beherbergt. Es gibt auch einen Abenteuerspielplatz und einen Streichelzoo für Kinder. Der Wildpark ist etwa 20 Kilometer von Hanau-Steinheim entfernt.

behalten diese Richtung bei, ignorieren wegführende Schilder und bleiben stets geradeaus Richtung Stadtmitte und S-Bahnhof, teils auf einem Radweg, teils auf der Straße. Linker Hand sehen wir bald einen Turm vor uns und haben es fast geschafft. Wir erreichen eine Querstraße und rechts von uns liegt der S-Bahnhof (mit Gasthof und Biergarten). Wir fahren am Bahnhof vorbei und 200 Meter weiter eine Rampe hinab zur Unterführung und auf die andere Seite der S-Bahn. Der Radweg nach Hanau-Dietesheim, dem wir weiter folgen, biegt hier sofort links ab. Wir fahren neben der Bahnlinie, kurvenreich manchmal auf dem Radweg, manchmal auf der ruhigen Straße. Es geht an der Großbäckerei Heberer vorbei (was wir am Backduft unschwer erkennen), der Weg wird schön und führt zum S-Bahnhof Dietesheim. Rechts von uns liegt der „Wingertsweg" und ein Lokal „Zum Sportheim". Hier müssen wir abbiegen. Wir haben nun eine total grü-

Gartenansicht von Schloss Philippsruh mit Englischem Park

ne Etappe vor uns. Mit dem Wingertsweg überqueren wir den Südring, bleiben geradeaus und stoßen auf einen Querweg (Schilder Teckelclub, ASV Mühlheim, Polizeihundeschule, Anglerheim). Hier fahren wir nach links und gelangen so direkt zum Naturschutzgebiet rund um den Grünen See und zum beliebten Waldgasthof mit Biergarten „Zum grünen See Eck", der das ganze Jahr geöffnet hat und nur in den Wintermonaten montags geschlossen ist.

Eine Rundtour durch die Seenlandschaft ist empfehlenswert, zumindest sollte man einmal um den See herumradeln und der spektakulären Brücke über die Schlucht einen Besuch abstatten. Wir können baden oder die Seen an etlichen Aussichtsplattformen genießen. Wir fahren anschließend auf der Hauptstrecke zwischen dem Hansteinweiher, dem grünen See und dem Oberwaldsee hindurch. Ein breiter und bequemer Waldweg leitet uns weiter, immer wieder mit seitlichen Abzweigungen zu Aussichtsplattformen. Wir folgen nun diesem Hauptweg immer geradeaus, wenn wir direkt und einfach nach Steinheim zurückwollen. Nach der Spahnschneise halten wir uns bei der Weggabelung rechts und kurz dar-

auf bei einer Querwegkreuzung haben wir die Möglichkeit nach rechts abzubiegen und am Galgen vorbei und über Klein-Auheim einen schönen, aber – da unmarkiert – etwas schwierigen Rundkurs nach Steinheim zu machen. Der kürzere und problemlosere Weg führt an der Kreuzung nach links und beim nächsten Querweg sofort wieder nach rechts. Dann geradeaus, wir verlassen den Wald und gelangen bei einem sogenannten Wendehammer ins Gewerbegebiet von Steinheim. Wir fahren geradeaus in die Senefelder Straße und links am Sconto-Möbelmarkt vorbei. Wir überqueren die Otto-Hahn-Straße (Kreisel), folgen dem Gailingsweg über die Hermann-Ehlers-Straße in einem halblinken Bogen bis zur Eppsteinstraße. Links an Bushaltestelle vorbei und im Kreisel sofort rechts in die Doornerstraße Richtung Kulturhalle und bis zum Kreisel der Wilhelminenstraße. Im Kreisel geradeaus stoßen wir auf eine große Straße, der wir rechts etwa 50 Meter folgen und sofort links wegbiegen („Am Brückfeldgraben"). Damit kommen wir direkt auf den Mainradweg, dem wir nach rechts folgen und der uns kurz darauf wieder zum „Maintor" und nach Steinheim zurückbringt.

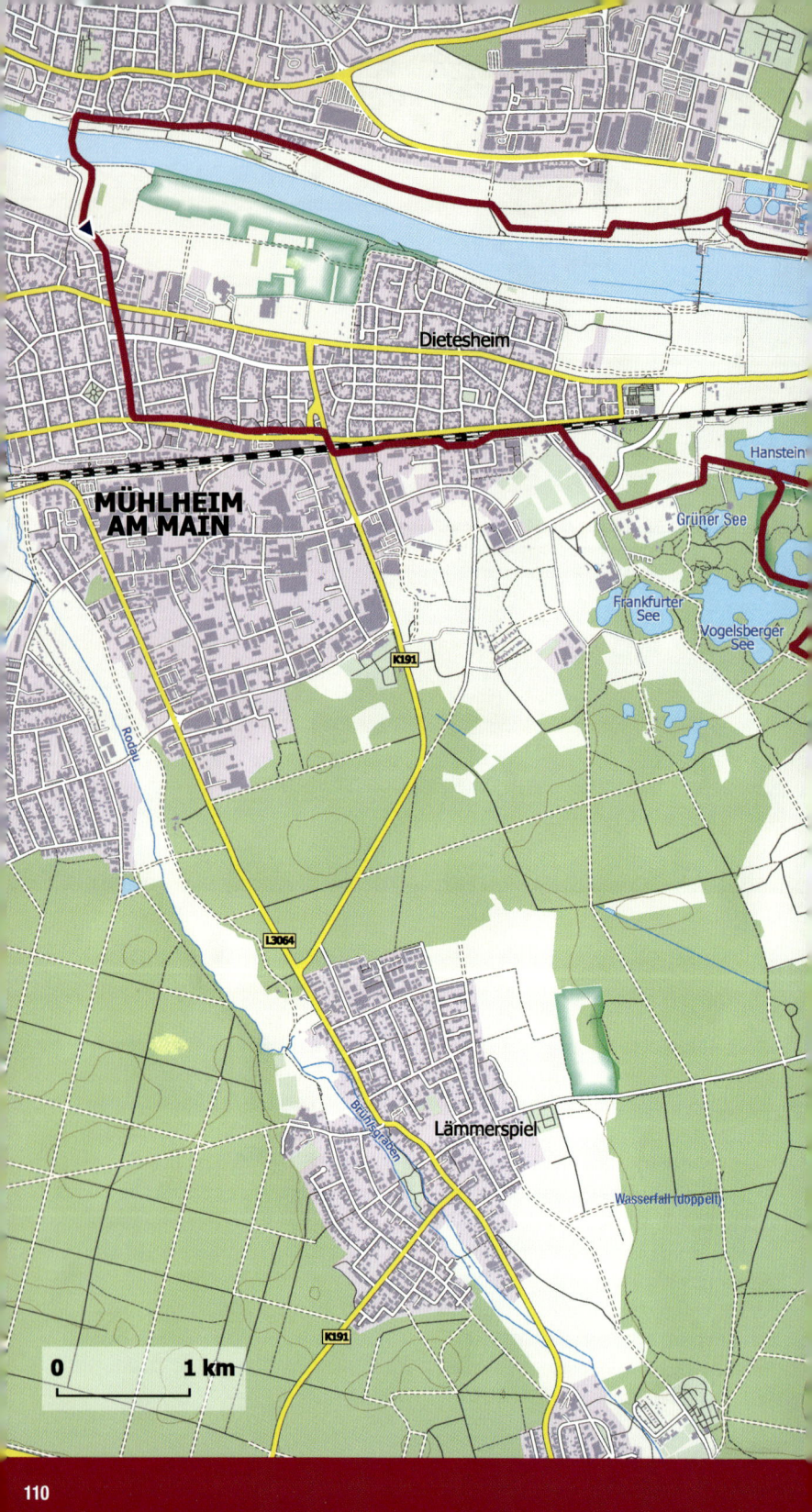

*Durch den Frankfurter Stadtwald*

# 13 WALDSPAZIER-FAHRT

Start/Ziel
## FRANKFURTER PAULSKIRCHE

*Rundtour*
*16 Kilometer*
*110 Höhenmeter*

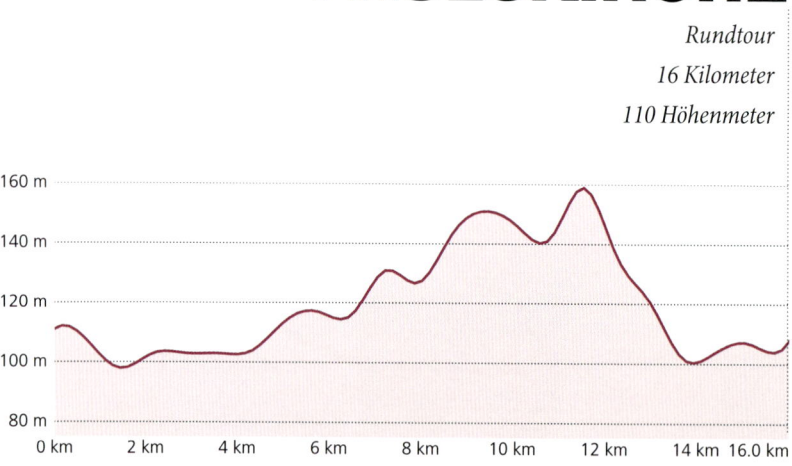

Grüne Oase im Stadtwald – der Jacobiweiher

Von der Innenstadt aus radeln wir in den größten innerstädtischen Forst Deutschlands. Im Frankfurter Stadtwald lassen sich zahlreiche Tiere und Pflanzen beobachten. An meiner persönlichen Lieblingseisdiele belohnen wir uns mit edlem Gelato.

Schöne und einfache Runde auf ausgebauten Radwegen oder gut befahrbaren Waldwegen, für die ganze Familie geeignet.

In der Frankfurter Paulskirche schuf die Nationalversammlung 1849 die erste demokratische Verfassung für Deutschland. Sie ist heute ein Ort der Erinnerung, im Obergeschoss finden staatliche und städtische Veranstaltungen statt. An der einstigen Hauptkirche Frankfurts – mitten im Herzen der Stadt – beginnen wir unsere Waldspazierfahrt. Durch eine ruhige Nebenstraße fahren wir direkt zum Mainufer. Natürlich kann man auch direkt über den Römer zum Main fahren. Wir radeln den Mainkai entlang und queren den Fluss über die Untermainbrücke. Nun befinden wir uns auf der Sachsenhäuser Seite der Stadt und haben einen wunderbaren Blick auf das Herzstück Frankfurts – die Skyline. Wir biegen nach rechts ab und fahren ein Stück am Museumsufer entlang. An der unteren Uferpromenade sehen wir das Main Café, welches besonders bei schönem Wetter ein großer Anziehungspunkt für die Frankfurter ist. Wir passieren das Liebighaus, eine edle Gründerzeitvilla,

# Highlights
## am Wegesrand

**18**
Der Wäldchestag ist seit Ende des 18. Jahrhunderts bekannt. Er wird seither als der Nationalfeiertag der Mainmetropole bezeichnet und findet immer am Dienstag nach Pfingsten statt. Es ist das größte Volksfest der Stadt.

**100.000**
Zeichnungen und Grafiken, 3.100 Gemälde, 660 Skulpturen und über 5.000 Fotografien werden im Frankfurter Städel-Museum ausgestellt. Das Kunstmuseum gibt einen nahezu lückenlosen Überblick über 700 Jahre europäische Kunstgeschichte.

**5.000**
Hektar Fläche umfasst der Frankfurter Stadtwald und ist damit der größte innerstädtische Forst Deutschlands.
In der Grünen Lunge der Mainmetropole findet sich ein rund 450 km langes Wegenetz für Wanderer, Rad-

fahrer und Jogger. Es gibt außerdem 80 km Reitwege.

**Gelatobaum für eine soziale Stadt**
Der Olivenbaum vor der Tür von Pallina Gelato erfüllt einen sozialen Auftrag: In der Eisdiele kann man eine Kugel Eis spenden! Bedürftige können sich den Eis-Gutschein einfach vom Baum pflücken.

in der sich eine der international bedeutendsten Skulpturensammlungen befindet. Rund 3.000 Skulpturen aus der Zeit vom Alten Ägypten bis zum Klassizismus werden hier ausgestellt. Umgeben ist die Villa von einem der schönsten Gärten Frankfurts. Wer Zeit hat, sollte nicht nur das Museum besuchen, sondern auch im Garten des Museumscafés bei hausgemachten Kuchen und Kaffee die einzigartige Atmosphäre genießen. Unmittelbar neben dem Liebighaus befindet sich das Städel-Museum, welches als die älteste und renommierteste Museumsstiftung in Deutschland gilt. Auf Höhe des Holbeinstegs tauchen wir tiefer in den Stadtteil Sachsenhausen ein und folgen der Holbeinstraße bis zu den Bahngleisen. Hinter der Unterführung biegen wir rechts auf die Tiroler Straße ab, der wir noch ein kurzes Stück folgen und schließlich auf der großen Möhrfelder Landstraße ankommen. Auf einem Radweg fahren wir an der stark befahrenen Zufahrtsstraße entlang und befinden uns bereits im Waldgebiet. Wir bie-

Größtes Frankfurter Volksfest: Der Wäldchestag

gen auf Höhe des Waldspielparks Louisa rechts auf die Niederräder Landstraße ab und fahren nach wenigen Minuten links in den Stadtwald hinein.

Jetzt geht es auf einem breiten und gut befahrbaren Weg quer durch den Wald bis zum Oberforsthaus, Austragungsort des berühmten Wäldchestag-Volksfests. Der Dienstag nach Pfingsten wird in Frankfurt am Main als Wäldchestag bezeichnet. Dieser Tag steht für Identifikation und Verbundenheit der Bürgerinnen und Bürger mit ihrer Stadt. Die Geschichte des Frankfurter Feiertages reicht bis ins Mittelalter zurück; worin das Volksfest seinen Ursprung fand ist allerdings nicht eindeutig belegt. Sicher ist, dass der Wäldchestag sich im Laufe der Zeit verändert hat. Seit den 1960er Jahren etablierte sich der Feiertag als Kirmes mit Naschkrambuden und Imbissen – bis heute findet man hier aber keine extremen Fahrgeschäfte, stattdessen das klassische Riesenrad, den Autoscooter und ein Kettenkarussell sowie eine Achterbahn – der nostalgische Charme steht im Vordergrund. Das Fest versteht sich als malerischer Platz zum Genießen, Plaudern und Entspannen. Üblich ist es, dass die Frankfurter an ihrem Nationalfeiertag frei haben, um zum Wäldchestag zu pilgern. International tätige Unternehmen pflegen diese Tradition allerdings nicht mehr, weshalb viele nach Feierabend mit ihren Kollegen für ein außergewöhnliches After-Work-Event hierherkommen. Wir verlassen das Festgelände und fahren weiter quer durch den Stadtwald, überqueren die Bahnschienen und befinden uns nun auf der Isenburger Schneise. Bei der zweiten Überquerung der Bahngleise zeigt sich die Frankfurter Skyline, umrahmt vom Wald. Wir fahren wieder in den Wald hinein und kommen kurze Zeit später auf die Oberschweinstiegschneise. Der Weg führt an der GrünGürtel-Waldschule vorbei, einem von vielen Natur-Lernorten für Kindergartenkinder und Schüler

Eis essen bei Pallina Gelato mitten in der Frankfurter Innenstadt

und schließlich finden wir am Wegrand eine Stempelstelle, an der man seinen Wanderpass für den GrünGürtel-Rundweg stempeln lassen kann.

Nun kommen wir an der Oberschweinstiege an, einer beliebten Gaststätte mit einer vielfältigen Speisekarte. Sie befindet sich unmittelbar vor dem Jacobiweiher, den wir über die Brücke überqueren. Im größten Gewässer Frankfurts tummeln sich ausgesetzte Aquarienfische und solche, die durch Enten eingebracht wurden. Der Speiseplan der zahlreich vertretenen Graureiher und Kormorane ist also reich gedeckt. Ausgesetzte amerikanische Rotwangenschildkröten sonnen sich auf Baumstämmen im Wasser.

Wer Glück hat, kann Spechte beobachten, von denen fast alle heimischen Arten hier vorkommen. An Sommerabenden ziehen Fledermäuse ihre lautlosen Bahnen. Am Ufer stehen alte, seltene Flatterulmen und mächtige Buchen, die die größten Vertreter ihrer Art in Hessen sein sollen. Die Szenerie ist wirklich malerisch und wer im April Bärlauch pflücken möchte, dem sei der Waldabschnitt um den Weiher herum empfohlen. Wir setzen unsere Tour über gut befahrbare Waldwege fort und gelangen nach etwa 15 Minuten zur Goetheruh, einer Gedenkstätte Goethes unterhalb des Goethe-Turms. Dieser Abschnitt des Stadtwaldes heißt „Scheerwald". Wir radeln den Wendelsweg bergab aus dem

Wald hinaus und nach Sachsenhausen hinein. Auf der linken Seite sehen wir die einzige Reiterstaffel (Wendelsweg 128, 60599 Frankfurt am Main) der Polizei Hessen. Im heutigen hochtechnisierten Zeitalter ist es zweifelsohne ein seltenes Bild, Pferde im polizeilichen Einsatz zu sehen, aber die Reiterstaffel übernimmt immer noch wichtige Aufgaben. Kurz hinter einem „Wasserhäuschen" biegen wir rechts ab und fahren bis zur Offenbacher Landstraße, der wir bis nach Alt-Sachsenhausen folgen.

Hier befindet sich das Café Under Pressure (Große Rittergasse 20, 60594 Frankfurt am Main), ein echter Geheimtipp für Kaffeeliebhaber! Nach dem Kaffeestopp queren wir den Main über die Ignatz-Bubis-Brücke und fahren Richtung Skyline bis zur nächsten Brücke am Main entlang, wo wir rechts auf das Fischerplätzchen einbiegen. Hier machen wir Halt bei Pallina Gelato (Fahrgasse 7, 60311 Frankfurt am Main). Die Eisdiele bietet nicht nur einzigartige Geschmackserlebnisse, sondern ist eine echte Herzensangelegenheit der Inhaber Max und Katja. Die beiden setzen auf hochwertige Produkte, haben einen ausgeprägten Sinn für Nachhaltigkeit, vor der Tür steht ein Spendenbaum und das Allerwichtigste: Die beiden setzen sich mit ihrer Eisdiele für herzkranke Kinder ein. Unsere Runde führt durch die Frankfurter Altstadt, direkt über den Römer und endet an der Paulskirche.

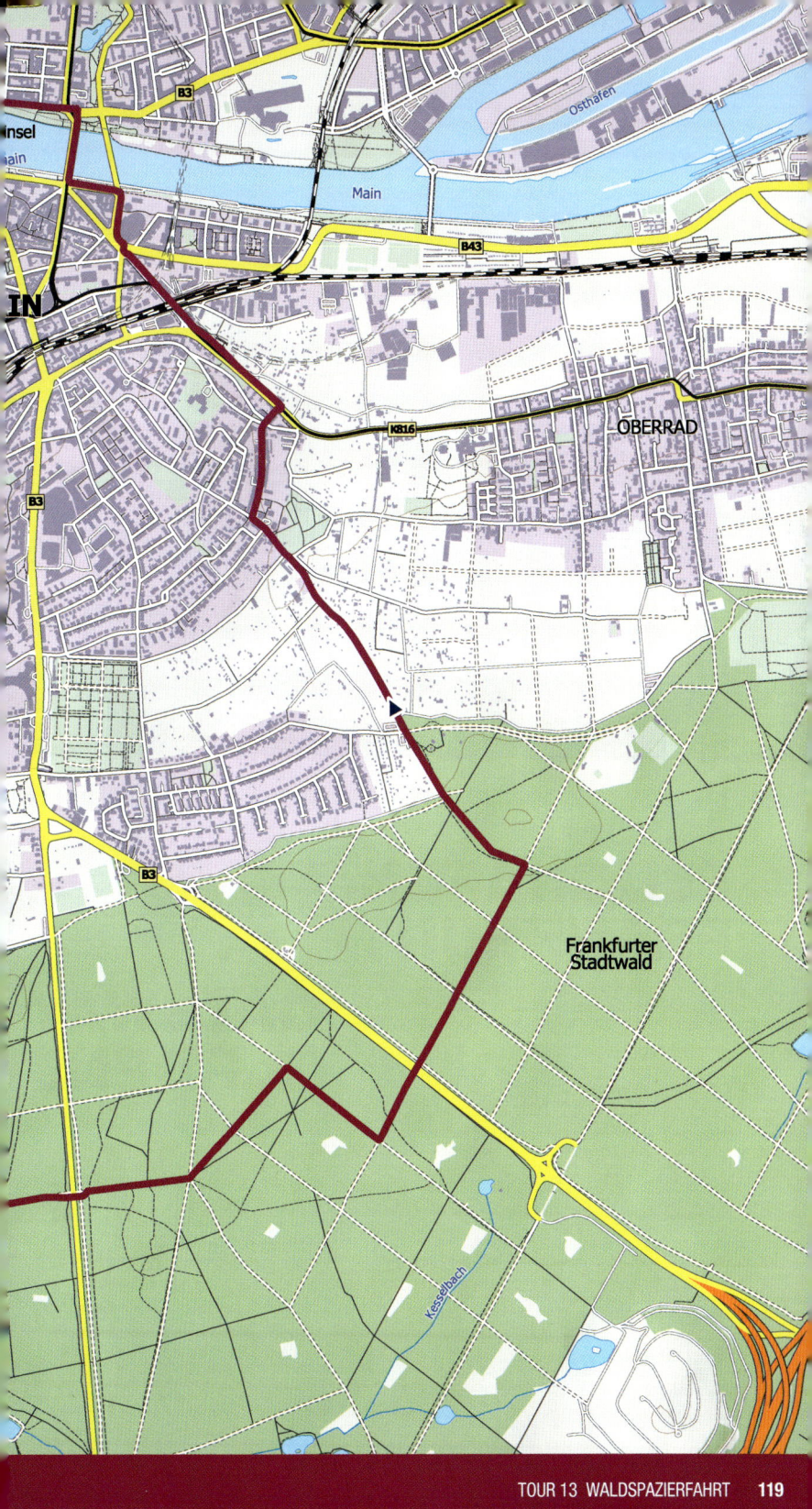

*Rund um den Frankfurter Flughafen*

# ¹⁴ NOCH EIN WAHRZEICHEN DER STADT

*von*
# FLUGHAFEN FRANKFURT

*nach*
# GATEWAY GARDENS

*Streckentour*
*24,8 Kilometer*
*90 Höhenmeter*

Der größte deutsche Verkehrsflughafen aus der Luft

Frankfurt ist nicht nur bekannt für seine außergewöhnliche Skyline – mit Banken, Börse und EZB. Es ist auch Standort des größten deutschen Flughafens. Dass man diesen ganz wunderbar per Rad erkunden kann, beweist diese Tour.

Toureninfo: Leichte und überraschend grüne Route mit vielen Aussichtspunkten. Sie führt über Regionalparkroute. E-Bike-Ladestation beim Gundhof.

Wir befinden uns am Rande einer 24 Quadratkilometer umfassenden Betonwüste: dem Frankfurter Flughafen. Obwohl nur etwa 200 Menschen im Stadtteil Frankfurt-Flughafen leben, gibt es hier die beste Infrastruktur:

Ein Krankenhaus, die zwei Bahnhöfe Flughafen Fernbahnhof und Regionalbahnhof sowie den S-Bahn-Haltepunkt Gateway Gardens, die zwei vollautomatischen Hochbahnen SkyLine und Skylink, Sakralbauten aller Weltreligionen, mehrere Restaurants und Hotels. Es ist wirklich beeindruckend in diese Welt einzutauchen und per Rad so nahe am Geschehen sein zu können. Noch dazu ist die Route überraschend grün. Wir durchfahren Waldgebiete und am Rande des zweitgrößten hessischen Naturschutzgebiets entlang. Ausgangspunkt ist Kelsterbach-Bahnhof. Die Kleinstadt befindet sich unmittelbar neben dem Flughafen und ist per S-Bahn in weniger als 20 Minuten Fahrt zu erreichen.

Quell der Erholung: Das Naturschutzgebiet Mönchbruch neben dem Frankfurter Flughafen

Wir fahren ein kurzes Stück am Mainufer entlang und sind begeistert, wie ansehnlich das Mainufer gestaltet wurde. Die Mainuferpromenade in Kelsterbach gehört tatsächlich zu den reizvollsten Abschnitten am Untermain. Das hohe Ufer ist ein toller Blickfang und eine geologische Besonderheit. Die 12 bis 17 Meter hohe Flussterrasse, die sogenannte Kelsterbacher Terrasse, ist im Alt- und Mittelpliozän entstanden und ein eiszeitlicher Überrest des vormaligen Flussbetts. Mit dem Bau der riesigen Freitreppe bis in den Main wird die sonst unzugängliche Vermauerung des Mainbettes hier unweit der Kelster-Mündung aufgebrochen und als Freizeitareal gestaltet.

Der asphaltierte Radweg führt uns weiter am Mönchwaldsee vorbei, der an einer Seite direkt an die Landebahn Nordwest grenzt. Am unteren Ende der Landebahn haben wir perfekte Sicht auf die Flugzeuge, der Radweg wird zu einer befahrbaren Schotterpiste. Wir passieren die Spiel- und Fitnessroute im Kelsterbacher Wald und überqueren dann die A 3. Der Waldweg führt uns direkt zum Spotter-Punkt der Startbahn West. Die als „Affenhügel" oder „Affenfelsen" bekannte Aussichtsplattform wurde 2012 neu erbaut. Die Fläche wurde vergrößert und zusätzlich mehrere Ebenen geschaffen, von denen wir nun einen ungehinderten Blick auf das Flughafenpanorama werfen und startende Flugzeuge beobachten. An Vormittagen und abends, wenn die großen Langstreckenflugzeuge hier abheben, lohnt sich der Besuch besonders – dann ist man allerdings umringt von Spottern. Manche von ihnen sind ebenso eindrucksvoll wie die

# Highlights
## am Wegesrand

zur 8 Kilometer langen „Kelsterbacher Terrasse" und ist die einzige Geländestufe im Frankfurter Stadtwald.

**81.000**
Beschäftigte zählt der Frankfurter Flughafen in etwa und ist damit die größte Arbeitsstätte Deutschlands.

**Km 24**
Von der Besucherterrasse aus haben wir einen phänomenalen Ausblick auf die Flugzeugabfertigung sowie startende und landende Flugzeuge. Der Eingang befindet sich im Terminal 2 auf der Ebene 4 neben McDonalds.

**Mit dem Rad zur Arbeit**
2017 hat die Fraport AG zusammen mit dem ADFC eine Fahrradkarte für Mitarbeiter und Besucher herausgegeben. Sie zeigt verschiedene Radwege um den Flughafen.

**17**
Meter hoch ist die Kante zum Main in Kelsterbach. Was wie ein vom Fluss heraus gewaschenes Steilufer aussieht, ist geologisch ein eiszeitlicher Überrest des vormaligen Flussbetts des heutigen Flusses Main. Der Hang gehört

Flugzeuge selbst. Auf Campingstühlen hockend mit modernster Kameraausstattung fachsimpeln sie und kennen sich wirklich verdammt gut mit ihren Zielobjekten aus.

Nach einem kurzen Aufenthalt hier am Aussichtspunkt setzen wir unsere Route über eine schnurgerade Schotterpiste entlang der Startbahn fort. Auf der einen Seite Flughafen, auf der anderen Waldgebiet. Nicht irgendeines: Wir befinden uns am Rande des Naturschutzgebietes Mönchbruch.

Mit einer Fläche von 937 Hektar ist es das zweitgrößte Naturschutzgebiet Hessens, übertroffen nur noch vom Naturschutzgebiet Kühkopf-Knoblochsaue. Es bietet einer Vielzahl seltener Tiere und Pflanzen einen Lebensraum. Alte Eichen, Erlenbruchwald, Stieleichen, Sumpfwald, Wiesen und Wassergräben prägen das Bild der Landschaft. Es ist eines der letzten Feuchtgebiete Hessens. Unsere Route führt am Ende der Startbahn um diese herum und parallel zu ihr wieder in Richtung Flughafen zurück. Etwa

Aussichtspunkt im Naturschutzgebiet

in der Mitte der Startbahn biegen wir rechts in den Wald ab und fahren über einen Waldweg bis zu einem Biergarten, der am Rande von Mörfelden-Walldorf liegt. Der Gundhof (Am Gundhof 2, 64546 Mörfelden-Walldorf) bietet an Wochenenden (unter der Woche geschlossen) eine ideale Einkehrmöglichkeit für Radler. Im rustikalen Biergarten werden hessische Gerichte und Apfelwein serviert. Es gibt einen Spielplatz und eine Ladestation für E-Bikes. An kälteren Tagen kann in der Gaststube gegessen werden.

Hinter dem Gundhof gelangen wir an eine Gedenkstätte des Konzentrationslagers von Walldorf. Danach setzen wir unsere Tour bis zu den Rosinenbombern fort. Hier befindet sich das Luftbrückendenkmal, welches 1985 errichtet wurde. Am Sockel sind auf Metalltafeln eine Gedenkschrift und die Namen der Opfer festgehalten, die ihr Leben ließen, als sie Berlin aus der Luft versorgten. Neben dem Denkmal stehen die sogenannten Rosinenbomber, eine Douglas C-47 und eine Douglas C-54. Während der Berliner Luftbrücke sind täglich Hunderte von Flugzeugen in Frankfurt am Main gestartet und gelandet. Wir befinden uns nun wieder auf einem asphaltierten Radweg in Richtung Terminal 2. Unmittelbar hinter den Rosinenbombern folgt der Aussichtspunkt Ost in Verlängerung der aus dem Wald kom-

menden Kirchschneise (Parkmöglichkeiten). Mit der A 5 im Rücken hat man eine tolle Aussicht auf Starts und Landungen der „Riesenvögel".

Unser Weg führt nun zum Herz des Flughafens. Am Terminal 2 lohnt ein Abstecher auf die berühmte Besucherterrasse. Dafür müssen die Räder abgestellt werden, denn die Terrasse befindet sich im 4. Stock des Terminal-Gebäudes. Hier starten nicht nur Flugzeuge, sondern auch Rundfahrten und Führungen in und um den Flughafen. Wir schauen ein letztes Mal aufs Rollfeld und überqueren dann die A 3, um zum Endpunkt der Tour, zu Gateway Gardens zu gelangen. Mit der Eröffnung einer neuen S-Bahn-Station im Jahr 2019 wurde die gewaltige Bürostadt auf dem Gelände einer ehemaligen US-amerikanischen Militärsiedlung allgemein bekannt. Für den Bau dieser Station musste die Flughafenschleife zwischen den Bahnhöfen Flughafen Regionalbahnhof und Stadion auf 4 km Länge neu trassiert werden. Dabei wurde der bestehende Tunnel aufgebrochen und 2 km neu gebaut. Der neue Bahnhof liegt unter der Erde. Die Bauarbeiten dauerten mehrere Jahre. Ist man heute mit der S-Bahn auf dem Weg zum Flughafen, hält man unweigerlich auch an Gateway Gardens, das zum Stadtteil Flughafen gehört. In diesem Stadtbezirk gibt es kaum Einwohner, da aufgrund des hohen Fluglärms keine Wohnungen gebaut werden können.

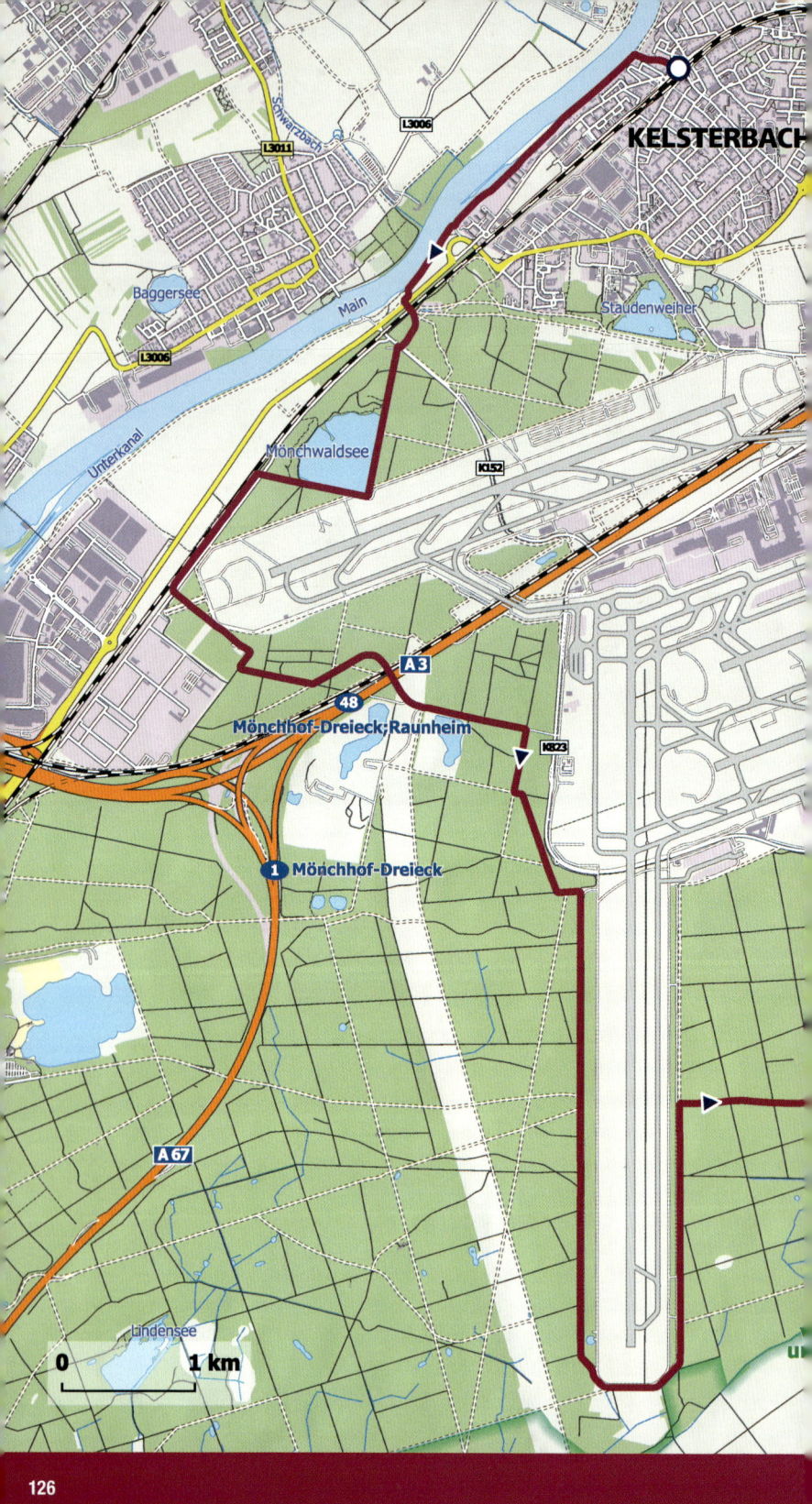

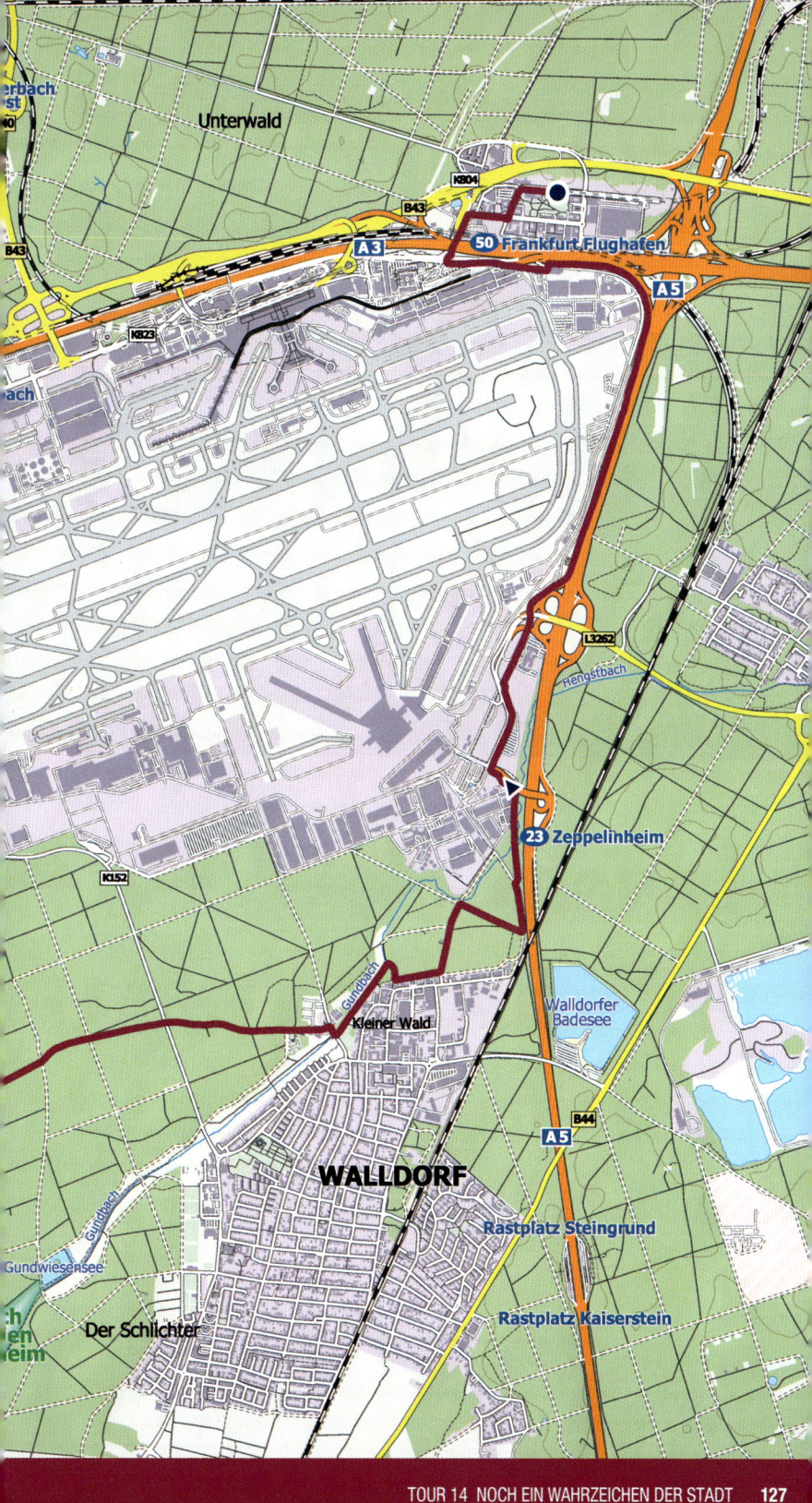

Von Langen nach Louisa

# 15 FRANKFURTS STANGEN-PYRAMIDE

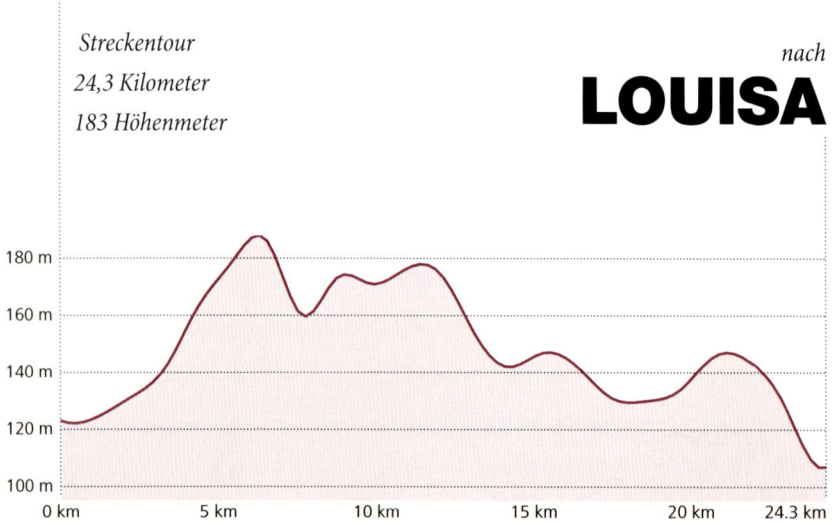

von
## LANGEN

nach
## LOUISA

*Streckentour*
*24,3 Kilometer*
*183 Höhenmeter*

Ein wirklich außergewöhnlicher Aussichtspunkt: die Stangenpyramide in Dreieich

Zwischen Frankfurt und Darmstadt liegt Langen, wo dieser kurze Bike-Ride beginnt. **Wir kommen an Frankfurts einziger Pyramide vorbei, befahren einen der höchsten Berge im Landkreis Offenbach und enden am Rande Sachsenhausens neben einem von sechs Waldspielparks der Stadt.**

Toureninfo: Mittelschwere Tour; sie verläuft auf befestigten Wegen und gut befahrbaren Waldwegen und trifft auf den Radfernweg R8 bei Dreieich und Neu-Isenburg.

Die Tour startet in Langen, einem im Landkreis Offenbach liegenden Frankfurter Vorort, der vom Frankfurter Hauptbahnhof in 25 Minuten Fahrt gut mit der S-Bahn zu erreichen ist. Mit der Regionalbahn dauert die Fahrt gerade einmal 9 Minuten. Langen hat 40.000 Einwohner und ist Hauptsitz der Deutschen Flugsicherung, des Paul-Ehrlich-Institutes und des Ausbildungszentrums des Deutschen Wetterdienstes. Hier fahren wir an der S-Bahn-Station Langen über die Liebigstraße an den Gleisen entlang Richtung Frankfurt. Nach etwa fünf Minuten queren wir die Nordumgehung und folgen dann einem asphaltierten Radweg, der zwischen Blumenwiesen und Feldern hindurch führt. Wir kommen an einem Modellflugplatz vorbei und folgen dem Radweg weiter in Richtung Dreieich. Auf dem Weg zum Ortsteil Dreieichenhain durchfahren wir einen Wald. In der

# Highlights
## am Wegesrand

**218**
Meter hoch ist der Hexenberg, die höchste Erhebung im Landkreis Offenbach. Auf unserer Tour queren wir den Ebertsberg im Dietzenbacher Wald, der nach dem 198 Meter hohen Wingertsberg mit 192 Metern der drittgrößte Berg der Gegend ist.

**Honig aus der Burg Hayn**
Seit 2014 befinden sich mehrere Bienenstöcke auf dem Museum der Burg Hayn. Der Honig kann im Museum erworben werden.

**456**
verleimte Rundhölzer bilden die Stangenpyramide Dreieich. Sie stehen in einem regelmäßigen Raster mit einem Abstand von jeweils einem Meter

**1812**
ließ der Baron von Bethmann auf dem Gelände des Waldspielparks Louisa einen Landschaftsgarten anlegen, den er nach seiner Gattin Louisa benannte. Sie war Mutter der drei kleinen „Bethmännchen", die im gleichnamigen Frankfurter Gebäck symbolisiert werden.

wunderschönen von Fachwerkhäusern dominierten Altstadt von Dreieichenhain lohnt ein kurzer Aufenthalt. Es gibt zahlreiche Einkehrmöglichkeiten, Eisdielen und kleine Geschäfte. Kurz vor der Burg Hayn (Fahrgasse 52, 63303 Dreieich) gelangen wir auf den Radfernweg R8. Die hochmittelalterliche Burgruine kann besichtigt werden. Auf dem Gelände befindet sich ein Museum mit einer Dauerausstellung sowie wechselnden Ausstellungen. Weiterhin ist die Burg auch Austragungsort der im Sommer stattfindenden Burgfestspiele.

Am Ortsausgang passieren wir die Stangenpyramide Dreieich. In diesem Gebiet zwischen Sprendlingen, Dreieichenhain und Götzenhain haben wir einen tollen Weitblick in Richtung Taunus und Frankfurter Skyline. Die Stangenpyramide ist ein kunstvoller Aussichtspunkt in der Grundform einer Pyramide. Beim Umrunden der Holz-

Mitten durch den Stadtwald fährt die Straßenbahn

konstruktion verdichtet sich diese je nach Standort scheinbar zu einem Festkörper, um wenige Meter weiter wieder in einzelne Elemente aufzufächern. Besonders spannend ist die fast in Nord-Süd-Richtung verlaufende Sichtachse. Sie rasiert förmlich eine Schneise in den Stangenwald und teilt das Bauwerk spiegelbildlich in zwei Hälften. Schreitet man darauf zu, eröffnet sich ein gewaltiger Ausblick. Exakt berechnet durch ein leichtes Kippen der Achse nach Westen fokussiert die Pyramide den Blick auf Messeturm und Hochtaunus. Hinter der Stangenpyramide verläuft der R8 durch eine wunderschöne Allee und biegt dahinter links ab Richtung Neu-Isenburg. Wer dem R8 folgen möchte, kommt direkt nach Neu-Isenburg – unsere Tour macht noch einen Schlenker durch den Dietzenbacher Wald. Wer sich für den direkten Weg entscheidet, kommt am vornehmen Hofgut Neuhof (63303 Dreieich) mit Gutsschänke und Golfplatz vorbei. Das Hofgut liegt idyllisch zwischen Feldern und Wiesen. Das gepflegte Anwesen bietet selbst Spazierwege zwischen angelegten Blumenbeeten, einem Teich und einer Apfelwiese. Die alte Backstube ist für Besucher Herzstück des Hofguts und dient seit 1961 als Hofladen und Gastraum. Bei schönem Wetter kann in der Wiesenstube unter Apfelbäumen gegessen werden.

Wir radeln am Golfplatz des Hofguts Neuhof vorbei. Dann geht es über einen Forstweg durch den Dietzenbacher Wald und über den Ebertsberg, einer der drei höchsten Erhebungen im Landkreis Offenbach. Dahinter passieren wir eine Schutzhütte, die am Naturschutzgebiet Luderbachaue liegt. Hier bietet

Blick auf den Jacobiweiher im Frankfurter Stadtwald

sich eine kurze Verschnaufpause an. Danach führt uns die Prinzenschneise, ein schnurgerader und gut befahrbarer Waldweg, nach Neu-Isenburg. Hier nutzen wir eine tolle Umfahrung der örtlichen Hauptstraße und sind dadurch rasch im Frankfurter Stadtwald.

Ein Abstecher in die Neu-Isenburger Altstadt oder Einkaufsstraße lohnt sich ebenfalls. Ihr historischer Grundriss ist bis heute erhalten. Besonders zu empfehlen ist der gemütliche Marktplatz mit den Apfelweingaststätten Föhl und Zum Grünen Baum (Marktplatz 1+4 63263 Neu-Isenburg) und die Frankfurter Straße mit vielen schönen Geschäften, wie beispielsweise der Unverpackt Laden von Frau Dücker, in dem es regionale Produkte, Obst und Gemüse sowie eine große Auswahl an fairen Schokoladen- und Müslisorten gibt. Mittagessen zum Mitnehmen wird frisch gekocht und an der Theke finden wir auch allerlei selbst gebackene Kleinigkeiten.

Auf Höhe des Jacobiweihers erreichen wir das Ausflugslokal Oberschweinstiege. Sie liegt mitten im Stadtwald, ist aber kurioserweise mit der Straßenbahn der Linie 17 erreichbar. Hinter dem Gasthaus führt der Weg am Königsbrünnchen vor-

bei. Es ist die einzige natürliche Quelle im Stadtwald. Hier finden wir Bänke und Tische für eine Picknickpause. Nicht weit vom Königsbrünnchen entfernt steht der im Mittelalter angelegte Königsbrunnen. Dort konnte früher mit Eimern Grundwasser aus tieferen Schichten gefördert werden. Folgt man dem Wasserlauf des Königsbrünnchens, kommt man in den Stadtteil Louisa. Von hier aus nimmt das Wasser unterirdische Wege bis zum Main. Um uns herum wird es wieder städtischer. Wir beenden unsere Tour hier an der S-Bahn-Station Bahnhof Louisa. Mit der S-Bahn ist man in wenigen Minuten wieder in der Innenstadt.

Auf der anderen Seite der Station befindet sich der Waldspielpark Louisa, der 1954 als erster von sechs Waldspielparks in Frankfurt angelegt wurde und neben einer großzügigen Wiese und einem Kiosk Spielplätze für Kinder von 0 bis 12 Jahren bietet. Zudem verfügt der Waldspielpark auch über einen großen Wasserspielplatz. Gegenüber der S-Bahn-Station befindet sich das Traditionslokal Zur Buchscheer Apfelweinwirtschaft (Schwarzsteinkautweg 17, 60598 Frankfurt am Main). Hier wird im urgemütlichen Gastraum mit rustikaler Einrichtung hessische Küche serviert.

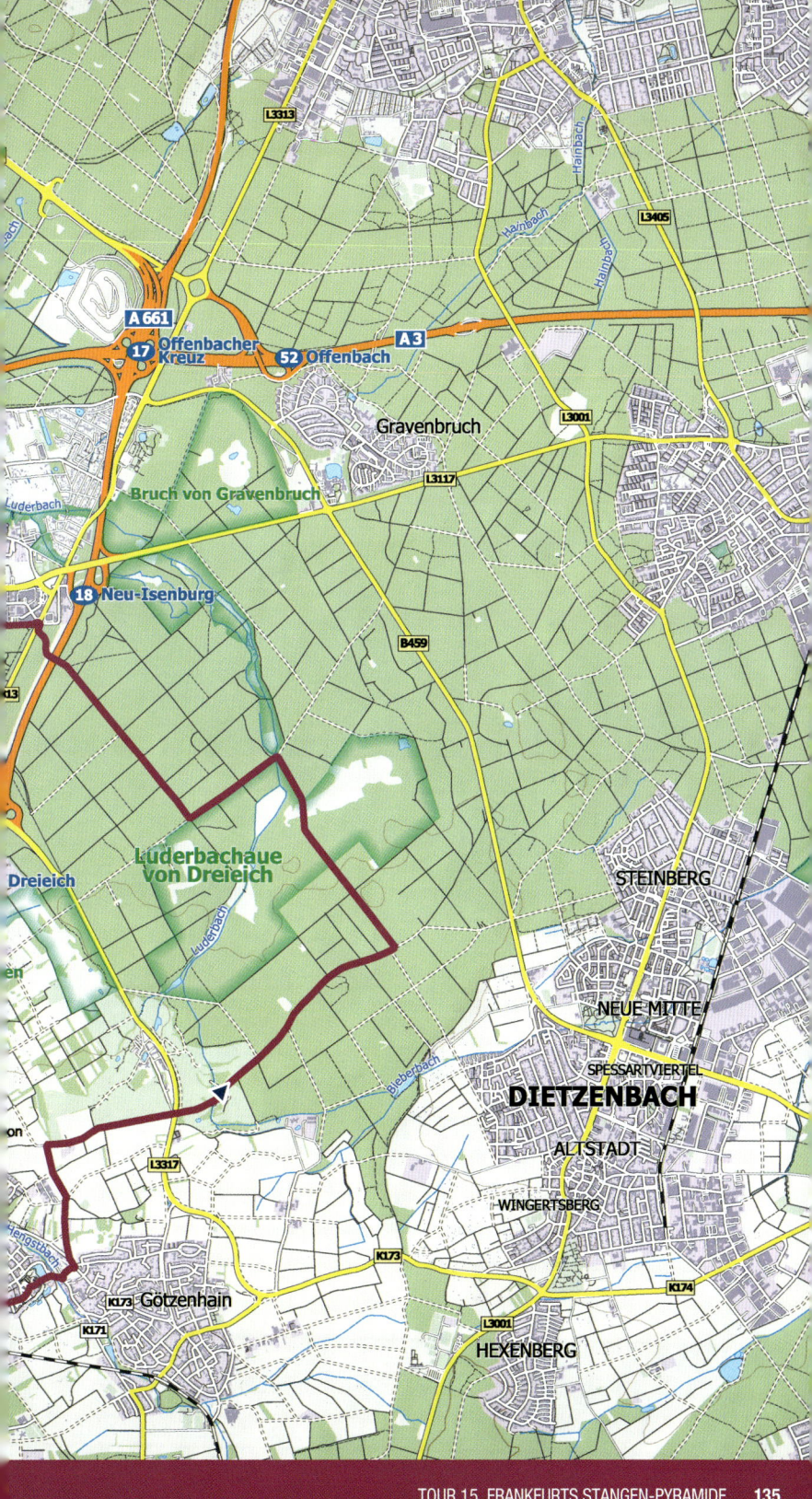

Die Weinberge rund um Mainz

*Rundtour vom Rhein zur Selz*

# 16 MAINZ-LERCHENBERG

*von*
## UNIVERSITÄTS-STADION

*nach*
## HAUPTBAHNHOF MAINZ

*37,5 Kilometer*
*250 Höhenmeter*

Felder zwischen Mainz-Lerchenberg und Klein-Winterhein

**Unsere Radtour beginnt in Mainz beim Universitätsstadion in der Albert-Schweitzer-Straße, die nach Bretzenheim führt.**

Am Ortseingang fahren wir rechts in die Draiser Straße bis zur Straße Am Ostergraben, die überquert wird. Nach ungefähr 50 Metern links in den Radweg einbiegen und nach weiteren 40 Metern in die Willi-Wolf-Straße. Diese trifft auf die Straße In der Klauer, rechts und über die Brücke. Dort steht das erste Schild „Lerchenberg 5,0 km". Diesem Schild folgt man Im Tiefental und später durch die Unterführungen von Eisenbahn und Autobahn. Dort geradeaus – ansteigend – am Rande eines Landschaftsschutzgebietes, dann links zum Gelände des ZDF. Rechts und dann links am Zaun entlang bis zur Polizeistation am Eingang von Lerchenberg.

Jetzt in der Regerstraße aufwärts und links in die Brucknerstraße bis zum kleinen Kreisel und rechts in die Hindemithstraße und Hebbelstraße bis zum Bürgerhaus. (Die Straßen in Lerchenberg sind alle mit höchstens 30 km/h zu befahren erlaubt – daher Mischverkehr.) Rechts in die Rubensallee bis zur Franziskuskirche. Man biegt dort in den Reinhard-Scheuerle-Weg ein, dann rechts etwa 60 Meter und auf einem schmäleren Weg (20 Meter) bis zur Umgehungsstraße, die man vorsichtig überquert in den

# Highlights
## am Wegesrand

**Stadion in Mainz**
Besuche die MEWA-Arena in Mainz, Heimstadion des FSV Mainz 05, für faszinierende Fußballgeschichte.

**Fachwerkhäuser und Weindorf-Charme**
Schlendere durch die idyllischen Gassen, bewundere Fachwerkhäuser und spüre den Weindorf-Charme von Schwabenheim.

**Schloss und Weinberge**
Entdecke das historische Schloss und erkunde Weinberge in Stadecken-Elsheim für malerische Aussichten.

**Marktplatz und Naturerlebnis**
Erkunde den Marktplatz von Nieder-Olm und genieße das Naturerlebnis auf dem Weg nach Klein-Winternheim.

Ober-Olmer Wald. Zwei Kilometer im Wald geradeaus bis zur Forststraße. Dort rechts bis zum Humuswerk mit dem Radwegeschild Schwabenheim, dem man geradeaus folgt bis zum Rande des Plateaus am Mainzer Berg (kleiner Hügel rechts) mit schönem Ausblick in das Tal der Selz und weit in die Landschaft Rheinhessens. Abfahrt hinab ins Selztal nach Schwabenheim mit seinem schönen Marktplatz mit vier teils renommierten Gaststätten.

Geradeaus fahren wir hinunter zum Ortsteil Pfaffenhofen und links in die Bubenheimer Straße, gleichzeitig in den Selztalradweg (Markierung „Frosch").

Geradeaus weiter auf der Trasse der ehemaligen Selztalbahn durch das Tal bis zur Elftausend-Mägde-Mühle. Danach kommt man nach Elsheim und folgt dem Radzeichen (grüner Pfeil auf weißem Grund) nach Stadecken. Im

Gasthaus in Schwabenheim an der Selz

Verlauf der Selz geht es zur Landstraße und links auf dem Radweg durch das Gewerbegebiet und durch die Unterführung der Autobahn Mainz–Alzey zur Pariser Straße in Nieder-Olm. An der Ampel geht es links kurz auf der Straße Richtung Mainz, unter der Bahn hindurch und auf dem Radweg, der die L 401 begleitet, nach Klein-Winternheim. Nach der Ortsdurchfahrt unter der Bahn hindurch auf dem Radweg hinauf zum Kreisel. Die spürbare Steigung bringt nun den Radfahrer auf die Höhe der Autobahnbrücke und des Klein-Winternheimer Gewerbegebietes. Links über die Autobahn und rechts mit Blick auf das Rhein-Main-Gebiet fährt man wieder abwärts hinunter nach Marienborn. In der Ortsmitte rechts nach Bretzenheim. Im Ort rechts durch die Essenheimer Straße und geradeaus in die Bebelstraße bis zur Alfred-Mumbächer-Straße. Links hinunter nach Zahlbach und am Hauptfriedhof vorbei gelangt man zum Hauptbahnhof und in die City von Mainz.

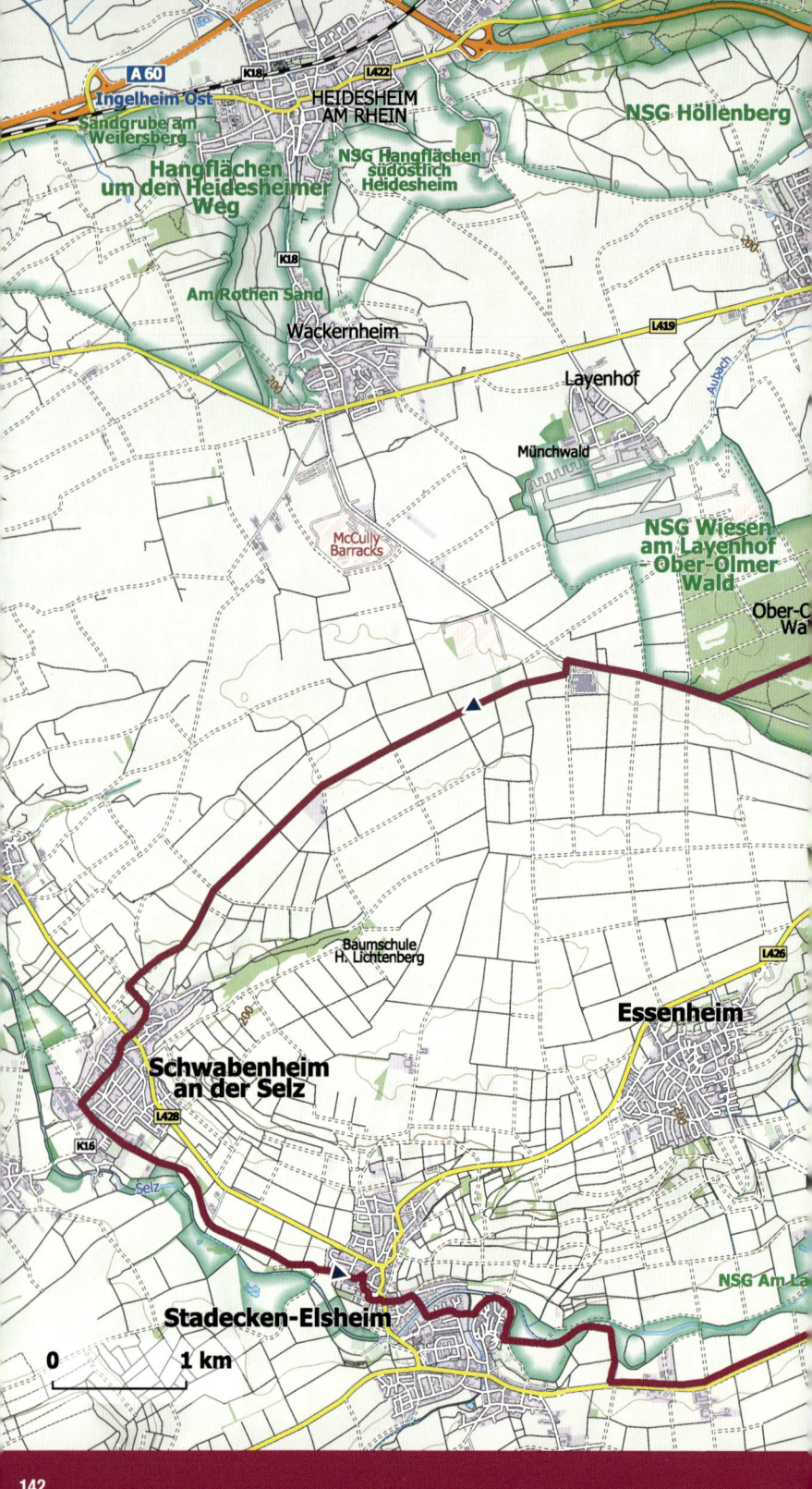

Die imposante Burg Klopp in Bingen am Rhein

*Fahrrad-Museums-Tour*

# 17 GAU-ALGESHEIM DROMERSHEIM

*Start/Ziel*

## RHEINHESSISCHES FAHRRADMUSEUM

*Rundtour*

*19,8 Kilometer*

*170 Höhenmeter*

In Gau-Algesheim startet man beim Rheinhessischen Fahrradmuseum in der Schlossgasse, fährt links den Fußweg hoch und überquert an der Turnhalle die Appenheimer Straße.

Kurz rechts dann links geht es in die Schulstraße bis vor das Altenheim (Albertus-Stift). Dort links auf den Weinbergweg (Wein- und Panoramarundweg der Gau-Algesheimer Winzer) fährt man vor bis zur Brücke. Vor der Brücke rechts hinunter zur Ockenheimer Straße, die überquert wird. Auf der anderen Seite gibt es einen Radweg, auf dem man zwischen Straße und Bahn, später durch die Weinberge nach Ockenheim radelt, das man im Sporkenheimer Weg und am Friedhof erreicht. Jetzt dem Straßenschild Bingen-Büdesheim folgen und auf der ruhigen Landstraße bis zum vierten Weg links fahren. Auf dem Weg geradeaus bis zur Straße Dromersheim–Bingen–Büdesheim, rechts ca. 400 Meter bis kurz vor die Brückenauffahrt, dann links auf den Wirtschaftsweg fahren, der vor der Autobahn links auf einen Landwirtschaftsweg abbiegt. Die B 421 wird hier überquert (Vorsicht!) und geradeaus geht es nach Dromersheim.

Am Ortsanfang rechts, dann links in den Weg „Im Stauch", die Rheinhessenstraße überqueren in die Steuerstraße. Diese zieht als Steuerweg durch die Weinberge aufwärts am Weinlehrpfad entlang zur Höhe des Plateaus. An der Farm rechts fährt man vor zur Straße K 14,

# Highlights
## am Wegesrand

**Burg Klopp und Rheinufer**
Besuche die imposante Burg Klopp in Bingen am Rhein und schlendere am idyllischen Rheinufer entlang für eine entspannte Auszeit.

**Klosteranlage und Klostergarten**
Erkunde die historische Klosteranlage des Albertus-Stifts und genieße die Ruhe im malerischen Klostergarten.

**Fachwerkhäuser und Kirche St. Johannes**
Spaziere durch die charmanten Fachwerkhäuser von Dromersheim und besuche die Kirche St. Johannes mit ihrer geschichtsträchtigen Atmosphäre.

**Weinberge und Aussichtspunkt**
Erkunde die malerischen Weinberge in Appenheim und erreiche einen Aussichtspunkt für einen Panoramablick über die Region.

**Naturpfade und Gau-Algesheim**
Kehre über ruhige Naturpfade nach Gau-Algesheim zurück und genieße die ländliche Umgebung abseits der Hauptstraßen.

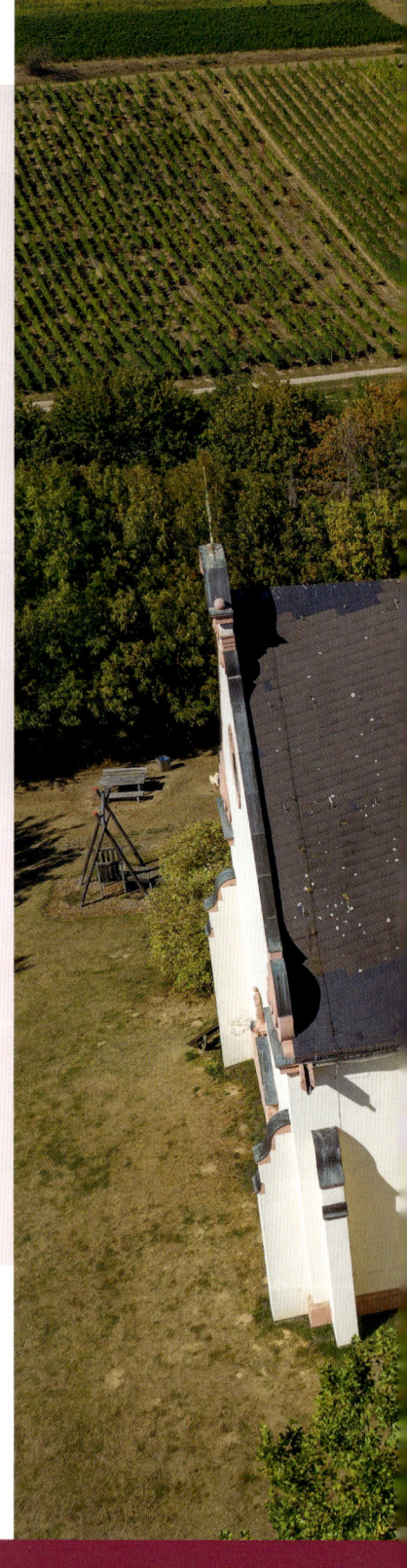

links in dem reizvollen Tälchen hinab nach Appenheim. In der Hauptstraße links – kurz ansteigend – und weiter zum Radweg entlang der Landstraße zurück nach Gau-Algesheim.

Die Laurenzikirche in der Nähe von Gau-Algesheim aus der Luft

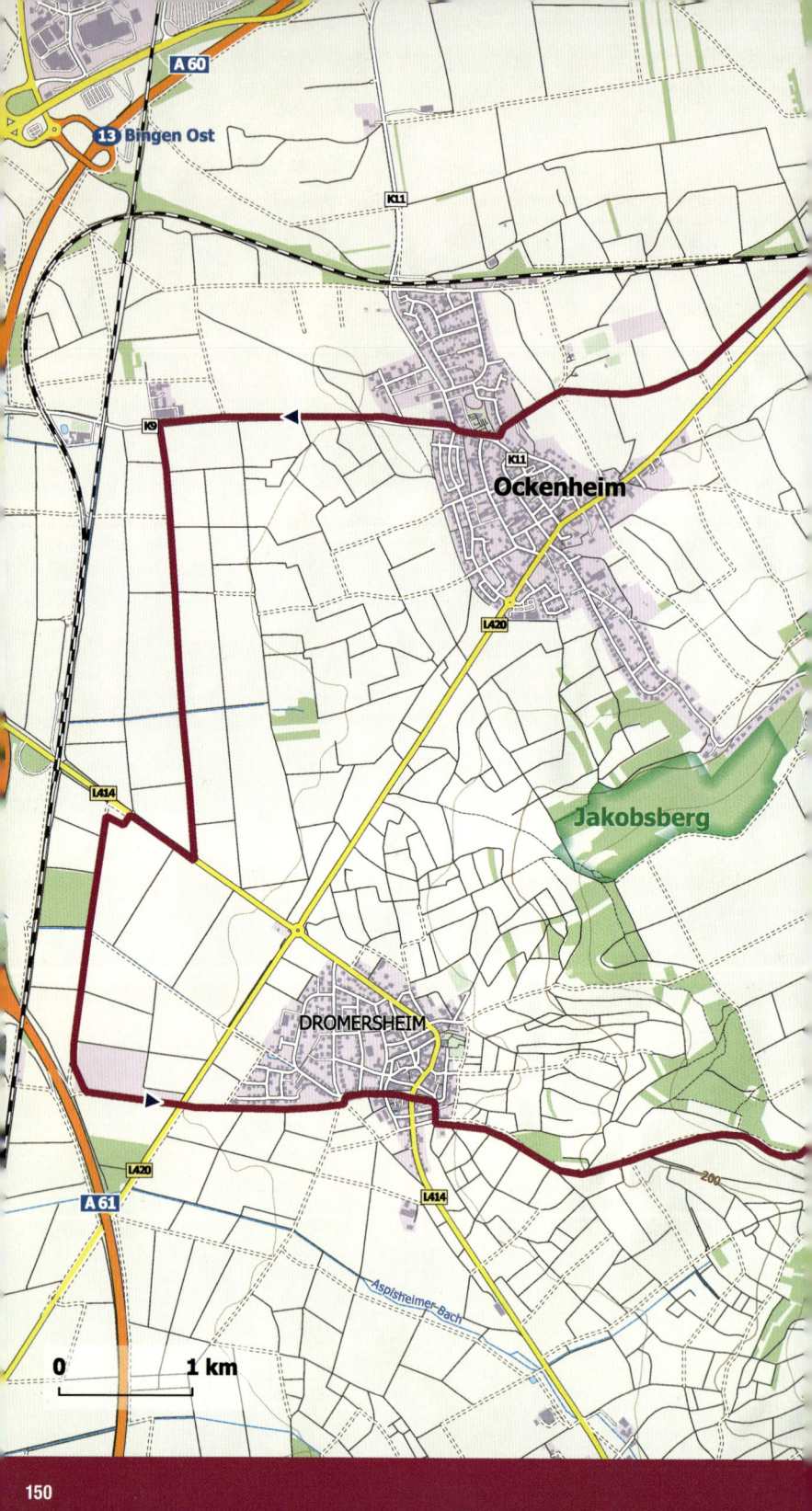

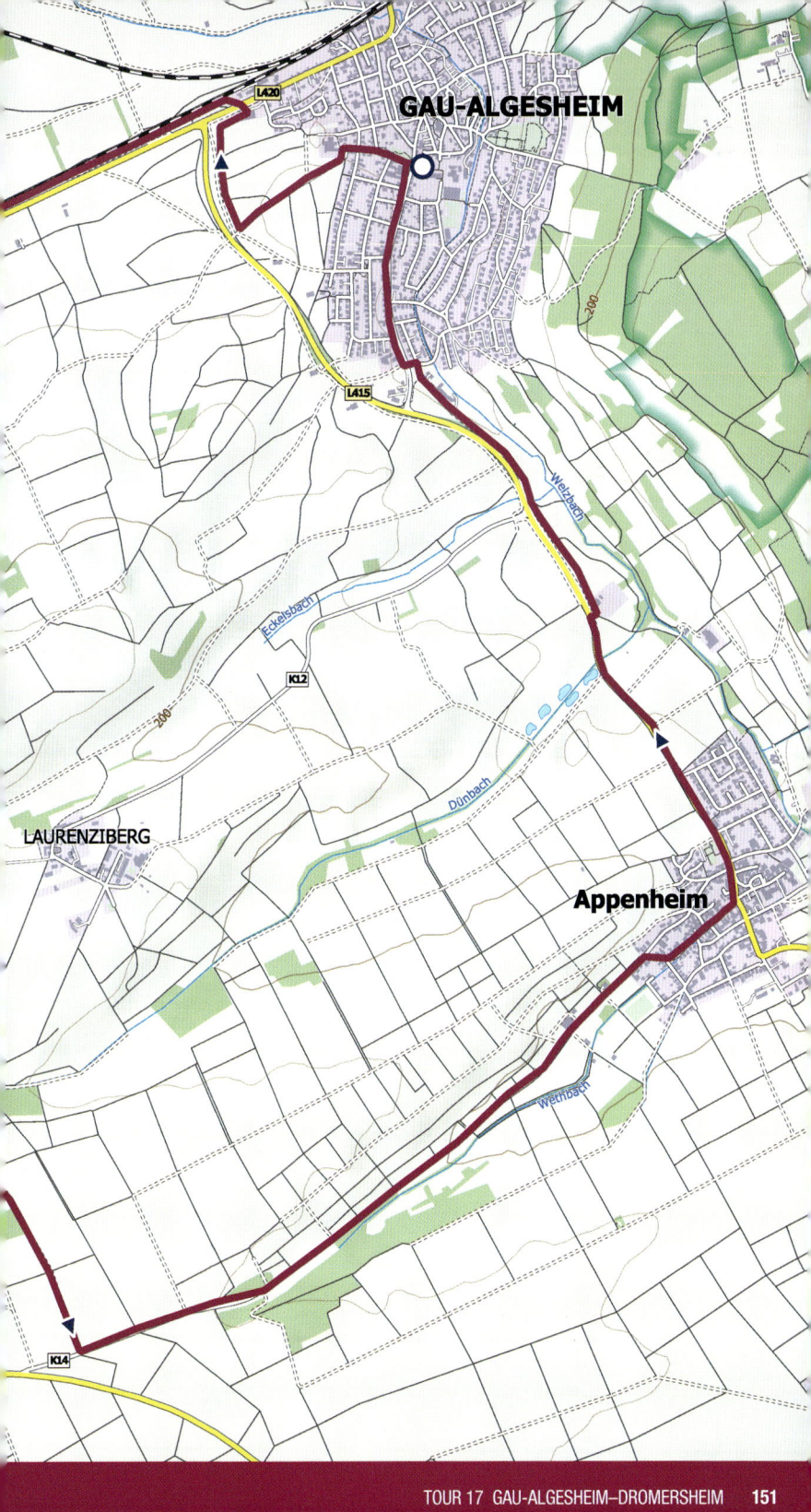

*Ein Flusstal wie aus dem*
# 18 BILDERBUCH

*von*
# BINGEN

*28,5 Kilometer*
*110 Höhenmeter*

*nach*
# ST. GOAR

Das Niederwalddenkmal

Bei Bingen zieht der Rhein wieder in einem markanten Bogen nach Norden. In einem steilen, engen Tal schneidet er sich in das Rheinische Schiefergebirge ein; rechtsrheinisch die Berge von Taunus und Westerwald, linksrheinisch Hunsrück und Eifel. Aufgrund seiner markanten Charakteränderung wird der Abschnitt von Bingen bis nach Bonn als Mittelrhein bezeichnet.

Der Rhein wird hier mit einem Mal nicht nur schmal, sondern auch tief – bis zu 25 Meter. Die Flussengen mit ihren Untiefen und hoch aufragenden Felsen stellten seinerzeit eine große Gefahr für die Schifffahrt dar, die problematischste Stelle war das Binger Loch. Aufgrund eines quer zum Fluss verlaufenden Quarzitriffs war das Passieren unmöglich. Die Lastschiffe mussten in Geisenheim entladen und mit einem Seil vom Ufer aus gezogen werden, während die Waren über den Taunus nach Lorch transportiert und dann erneut auf die Schiffe geladen wurden. Im 14. Jahrhundert wurde das Riff gesprengt und das Binger Loch entstand, das im 19. Jahrhundert durch abermalige Sprengungen nochmals vergrößert wurde, was zu einer wesentlichen Verbesserung für die Schifffahrt beitrug.

Bingen und Rüdesheim bilden hier das Tor zum UNESCO-Welterbe Oberes Mittelrheintal, das über 67 km bis nach Koblenz führt. Auf der orografisch linken Flussseite ist der Rheinradweg we-

Burg Pfalzgrafenstein

sentlich angenehmer zu befahren. Während rechtsseitig teils große Steigungen bewältigt werden müssen, die allerdings mit einem schönen Blick belohnen, radelt man am linken Ufer praktisch flach dahin. Zunächst zieht der Mäuseturm auf einer kleinen Felsinsel vor dem Binger Loch vorüber, wenig später am gegenüberliegenden Ufer die Rotweingemeinde Assmanshausen. Bald schon reiht sich eine Burg nach der anderen ein – zunächst Burg Rheinstein, die im 14. Jahrhundert als Zollburg erbaut wurde, im 17. Jahrhundert jedoch zusehends verfiel, bis Prinz Friedrich Wilhelm Ludwig von Preußen sie 1823 im Romantikstil der Rheinebene neu errichten ließ. Auf sie folgt hinter der kleinen Rheininsel Klemensgrund Burg Reichenstein bei Trechtingshausen, die vermutlich ursprünglich auf das 12. Jahrhundert zurückging und, nach zusehendem Verfall, ebenfalls im Stil der Rheinromantik revitalisiert wurde. Rechts der Rhein, links die Bahn führt der Weg weiter, vorbei an der Burg Sooneck und der Burg Hohneck in Heimburg. Über Rheindiebach führt die Route in die Weinstadt Bacharach, die schon Clemens Brentano und Victor Hugo tief beeindruckte, der in seinem Reisetagebuch festhielt: „Bacharach ist wohl der älteste von Menschen bewohnte Ort, den ich in meinem Leben gesehen. Man glaubt, daß ein Riese, der mit Antiquitäten gehandelt, am Rhein einen Kramladen aufschlagen wollte."

# Highlights
## am Wegesrand

und Mainz Zoll entrichten mussten. Im Gegensatz zu den meisten anderen Burgen und Schlössern im Oberen Mittelrheintal, wurde die Burg Pfalzgrafenstein im Laufe ihrer Geschichte nie durch einen Krieg beschädigt und stammt in ihrer heutigen Form zum Großteil noch aus dem 14. Jahrhundert. Eine Ausstellung gibt Eindrücke über das Leben in der Burg preis.

### Die Loreley
An der Engstelle des Rheins vor St. Goarshausen ragt am östlichen Ufer der markante Schieferfelsen 132 m beinahe senkrecht empor. Die gefährliche Strömung sowie die Riffe zu Füßen des Loreleyfelsens brachten immer wieder Schiffe zum Kentern. Die Geschichte rund um die wunderschöne, unglücklich verliebte Jungfrau, die an dieser Stelle mit ihrer verführerischen Gesangskunst die Schiffer in die gefährliche Strömung lockte, sodass deren Schiffe reihenweise an den Felsenriffen zerschellten, geht ursprünglich auf Clemens Brentano zurück. Der Loreleyfelsen bietet einen atemberaubenden Blick auf das UNESCO-Welterbetal mit St. Goarshausen und der Burg Katz.

### Burg Pfalzgrafenstein
Mit ihrem lang gestreckten sechseckigen Grundriss mutet die Burg Pfalzgrafenstein wie ein steinernes Schiff inmitten des Rheins an. Sie wurde ab 1327 erbaut. Als Zollstelle war sie eine rentable Einnahmequelle für eine Reihe feudaler Herren. Sie zählte zu sage und schreibe zwölf Zollstellen, an denen die Schiffe zwischen Köln

Oberhalb von Bacharach thront die Burg Stahleck, Wahrzeichen der Stadt und der Rheinromantik. Neben der heute als Jugendherberge dienenden Burg ist die Wernerkapelle, eine gotische Kirchenruine aus dem Jahr 1293.

Die meisten der Inseln im Rhein in diesem Abschnitt werden „Werth" genannt – so auch der alsbald folgende Bacharacher Werth. Auf einem Riff inmitten des Rheins vor Kaub liegt die Burg Pfalzgrafenstein, die mit der Fähre über Kaub er-

reichbar ist. Die Route links des Rheins führt bald darauf nach Oberwesel, die Stadt der Türme und des Weins. Mit 16 Wehrtürmen gilt die Stadtmauer von Oberwesel als die besterhaltene Ummauerung am Mittelrhein, die obendrein begehbar ist. Auf einer Anhöhe liegt die Schönburg, die erstmals 1149 erwähnt. Ende des 19. Jahrhunderts wieder aufgebaut wurde.

Und dann endlich nähert sie sich: die weltberühmte Loreley. „Den Schiffer im kleinen Schiffe ergreift es mit wildem Weh. Er schaut nicht die Felsenriffe, er schaut nur hinauf in die Höh", schrieb Heinrich Heine 1823 in seinem Loreley-Lied. „Ich weiß nicht, was soll es bedeuten?" über diesen sagenumwobenen Fleck, den man mit der Fähre von St. Goar erreicht.

Die beiden liegen einander am Rhein direkt gegenüber: St. Goar auf der linken, St. Goarshausen auf der rechten Seite des Rheins. Eine Fähre verbindet die Schwesterstädte. St. Goar bezeichnet sich selbst als kleinste Weltstadt am Mittelrhein. Dank der Nähe zur Loreley ist die Stadt, die im Laufe der Geschichte mal französisch, mal deutsch war, gut besucht. Auf einem Bergrücken thront die Burg Rheinfels, Mitte des 13. Jahrhunderts erbaut, eine der größten Festungsanlagen Europas, die selbst Angriffen während des Dreißigjährigen Krieges und des Pfälzischen Erbfolgekrieges standhielt. Während den Napoleonischen Kriegen wurde ein Teil der Burg gesprengt und die Burg verfiel zusehends. Die Ruine ist aber auch heute noch imposant. Im

Der Loreleyfelsen.

Bereich der Vorburg befindet sich mittlerweile ein Hotel.

Auf der anderen Uferseite liegt die Loreleystadt St. Goarshausen. Durch seine exklusive Lage in der Nähe des wohl berühmtesten Wahrzeichens des Mittelrheins erhält der Ort mit der kleinen historischen Altstadt regen Besucherzustrom. Die als Burg Neu-Katzenelnbogen 1371 von den Grafen von Katzenelnbogen errichtete imposante Burg oberhalb von St. Goarshausen wurde von den französischen Truppen 1806 gesprengt. Im Volksmund wurde die Anlage kurz Burg Katz genannt. Auch die Ende des 19. Jahrhunderts zu einem prächtigen Wohnsitz wieder aufgebaute Burg, die sich in Privatbesitz befindet, behielt diesen Namen. Errichtet worden war sie als Schutz der Zollstelle von St. Goar und als Gegengewicht zur nahe gelegenen Burg Maus. Diese stand bereits früher. Mit dem Bau der Burg mit dem ursprünglichen Namen „Peterseck" wurde zwischen 1353 und 1357 begonnen. Sie sollte eigentlich als Gegenanlage zur linksrheinischen Festung Rheinfels der Herren von Katzenelnbogen dienen. Nachdem der Volksmund die Burg „Katz" geschaffen hatte, wurde „Peterseck" spöttisch zur Burg Maus ernannt. Die Zwistigkeiten der Burgherren ließen mit Sicherheit an Katz und Maus erinnern. Tatsächlich gehörte Burg Maus aber zu den technisch fortschrittlichsten Anlagen ihrer Zeit. Ab dem 17. Jahrhundert fiel sie in einen Dornröschenschlaf, heute ist sie Privatbesitz.

Sonnenuntergang in Rheinhessen

*Radtour im Herzen von Rheinhessen*

# 19 WÖRRSTADT

*Start/Ziel*
# BAHNHOF WÖRRSTADT

*Rundtour*
*31,4 Kilometer*
*210 Höhenmeter*

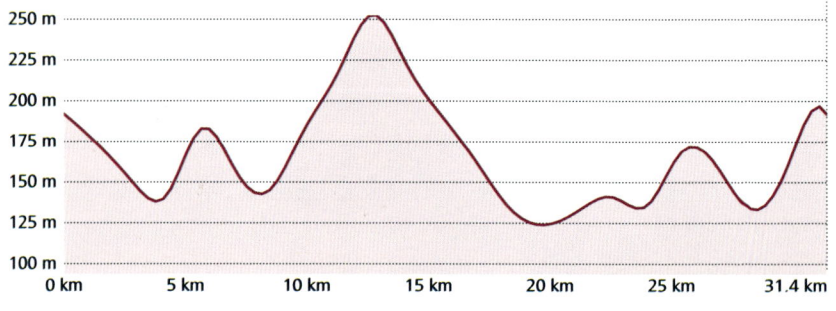

Am Burgunderturm bei Wörrstadt führen Wanderwege zwischen Weinbergen zum Aussichtspunkt

Landstraßen, Radwege, Weinberg- und Feldwege, drei leichtere Steigungen; für ältere Kinder geeignet.

In Wörrstadt fährt man beim Bahnhof links zur Unterführung, auf dem Radweg durch das kleine Gewerbegebiet und weiter auf dem abgesetzten Radweg der Landstraße.

Am Ortseingang von Obersaulheim links dem Radwegeschild folgen ins Tal des Saulbaches.

Auf dem Radweg der Ritter-Hundt-Straße geht es weiter, zunächst links in den Westring, an der Sporthalle vorbei, dann rechts in den Talweg und durch die Schulgasse in die Mitte von Niedersaulheim. Links in die Weedengasse einbiegen, und in der Pertelgasse radelt man anschließend aufwärts über einen Buckel weiter auf einem landschaftlich sehr schönem, auf- und abschwingenden, sich schlängelnden Sträßchen nach Partenheim.

Im Ort benutzt man die Vordergasse, fährt an Adelshöfen vorbei, dann aufwärts bis zur Kirche. Danach biegt man links ab zur L 413 und rechts über die Höhe, geradeaus durch den Kreisel und am Rheinsender vorbei abwärts nach Wolfsheim. Am Ortsende links auf die ruhige Landstraße einbiegen, kurz abwärts, dann leicht aufwärts und in der Weinberglandschaft unterhalb des Wißbergs geht die Fahrt nach Gau-Weinheim. Nach der

# Highlights
## am Wegesrand

**Burg Klopp in Bingen**
Eine mittelalterliche Burg auf einem Hügel über der Stadt Bingen mit einem atemberaubenden Blick auf den Rhein und die umliegende Landschaft. Die Burg ist auch ein Museum und Restaurant. Etwa 20 km von Wörrstadt entfernt.

**Schloss Westerhaus**
Ein wunderschönes Barockschloss, das von einem großen Park umgeben ist. Es wurde im 18. Jahrhundert erbaut und diente einst als Sommerresidenz der Mainzer Erzbischöfe. Heute ist es ein Hotel und Restaurant. Etwa 10 km von Wörrstadt entfernt.

**Oppenheimer Kellerlabyrinth**
Ein unterirdisches Labyrinth aus Gängen und Kellern, das sich unter der Stadt Oppenheim befindet. Es wurde im Mittelalter erbaut und diente einst als Weinkeller. Heute können Sie auf einer Führung durch das Labyrinth die Geschichte der Keller und der Stadt kennenlernen. Etwa 30 km von Wörrstadt entfernt.

Ortsdurchfahrt hält man sich geradeaus, man quert die Ampel an der B 420 und gelangt schließlich nach Wallertheim. Geradeaus durch den Ort hindurch und weiter auf der Landstraße nach Schimsheim und anschließend auf dem Radweg nach Armsheim mit dem eindrucksvollen Ortsmittelpunkt, der gotischen Kirche.

Anschließend gehts es wieder zurück nach Schimsheim. In der Dorfmitte fährt man rechts in Richtung Wörrstadt – leicht ansteigend – entlang der Wein-

Wörrstadt, die Pariserstraße

berge nach Rommersheim mit dem sehenswerten Dorfmittelpunkt. Aus der Dorfmitte zurück und geradeaus in den Landwirtschaftsweg, dann unter der Bahn hindurch zur Rommersheimer Mühle, man radelt auf dem befestigten Weg bis zum Rechtsschwenk und geradeaus über die B 420 nach Sulzheim. Durch das Dorf und auf dem Radweg der Landstraße – leicht ansteigend – geht es zurück nach Wörrstadt. Alljährlich findet auf Teilen der beschriebenen Radtour das Radrennen „Rund um den Rheinsender" statt.

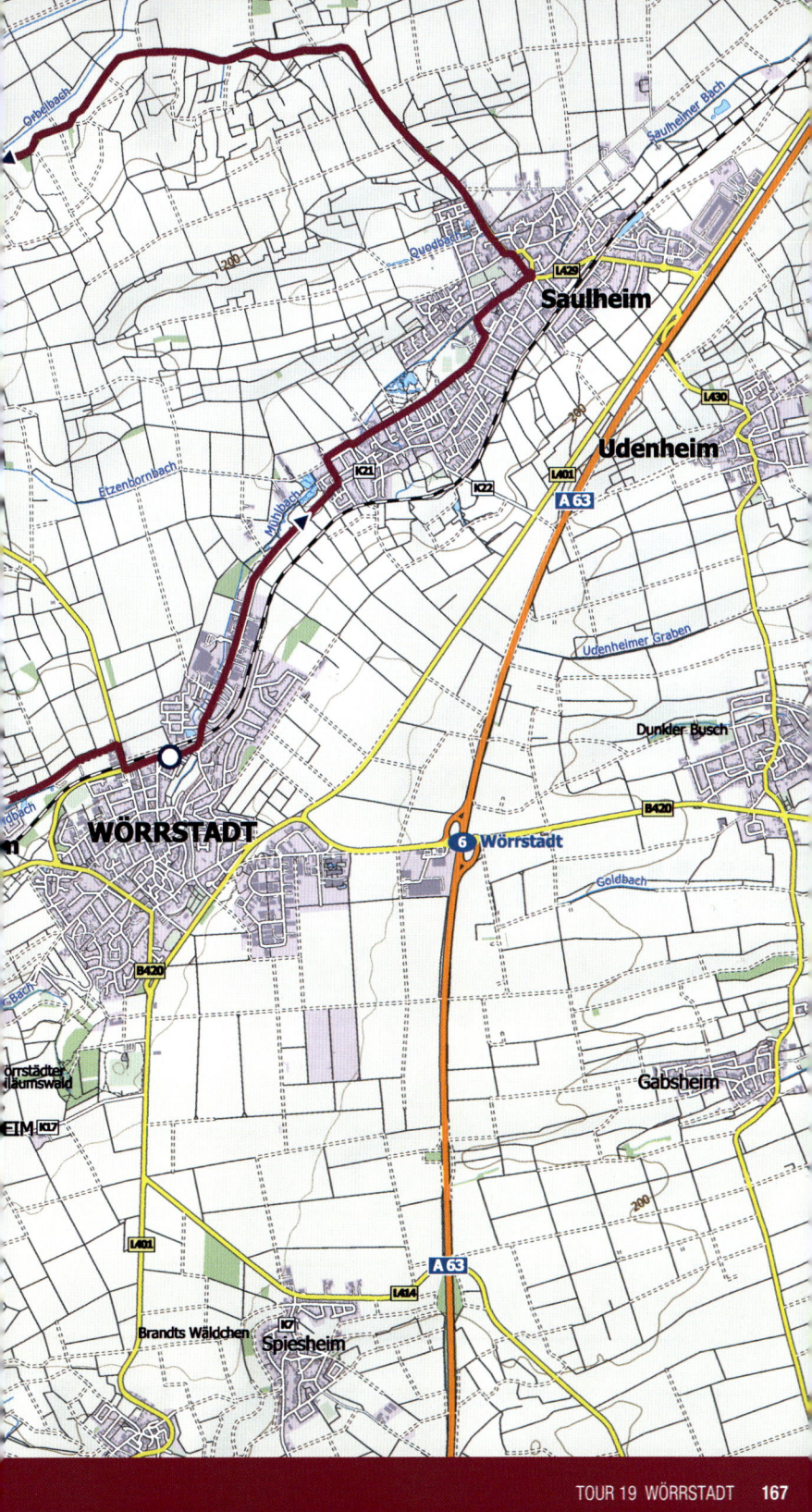

*Im Lande der Ritter von Montfort und der Sickinger*

# 20 BAD MÜNSTER – RUINE MONTFORT

Start/Ziel
## BAHNHOF BAD MÜNSTER

*Rundtour*
*27,2 Kilometer*
*220 Höhenmeter*

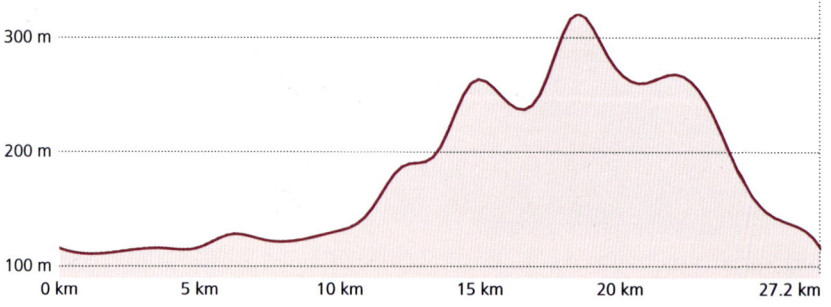

Bad Münster am Stein - Kurpark mit Kurhaus.

**Rundfahrt mit attraktiven Höhepunkten mit Ritterburg und Aussichtsberg. Wenig Verkehr, im Tal der Nahe ebener Radweg (Nahetal-Radweg), dann bis zum Montforterhof mäßiger Anstieg, ebenfalls bis zur Höhe vor Hallgarten. Steilerer Anstieg hinter Hallgarten.**

Vom Bahnhof in Bad Münster am Stein zur Fußgängerbrücke. Über die Brücke muss man das Rad im Anblick der Ebernburg schieben. In Ebernburg, auf der anderen Seite der Nahe, geht es zuerst unter der Straßenbrücke hindurch und dann auf der Trasse einer früheren Bahnlinie auf den gut ausgebauten Radweg. Zur Rechten erblickt man nun den imposanten Rotenfels mit der Bastei.

Weiter auf dem Radweg radelt man unbeschwert bis zur Staustufe vor Niederhausen an der Nahe. Über den Steg der Staustufe gelangt man nach Niederhausen. Weiter geht es durch den Ort und rechts auf dem Radweg der Nahetalstraße am Stausee entlang. Dann erreicht man die schöne steinere Brücke über die Nahe mit Blick auf den Lemberg (422 m), den „König der Naheberge", und kommt nach Oberhausen an der Nahe. Am Ortseingang fährt man links in die Hallgarter Straße und im verträumten Hagenbachtal radelt man auf dem ruhigen Sträßchen bis zur Abzweigung zum Montforterhof.

Dort angekommen schließt man am besten das Rad ab und wandert auf dem aus-

Bad Münster am Stein

gewiesenen Weg, zunächst im Tälchen, dann links aufwärts etwa 400 Meter hinauf zur Ruine Montfort.

Die Ruinen der Ganerbenburg (Raubritter!) lassen sich vom Turm aus überblicken, die gesamte Burganlage überrascht durch ihre Ausdehnung. Dann geht es auf dem anderen (kürzeren) Weg wieder hinunter zum Montforterhof.

Vom Hof fährt man rechts auf dem Landwirtschaftsweg zur Straße Oberhausen–Hallgarten und rechts Richtung Hallgarten. Es geht aufwärts bis zur Höhe (260 m) vor dem Ort. In Hallgarten biegt man links in die Hauptstraße ein und in der kurzen Straße Feiler Heck verlässt man das Dorf.

Nun geht es an einem Wäldchen vorbei steiler aufwärts zur Höhe „Auf der Heide" (320 m). Weit schweift der Blick über das Pfälzer Bergland, und leicht abfallend rollt man nach Feilbingert. Im Ortsteil Feil zum Marktplatz, wo man links in die Martin-Luther-Straße einbiegt. An der Schule vorbei geht es steiler abwärts zum Ortsteil Bingert. An der Kirche rechts durch die Pappelallee, zur Straße Richtung Ebernburg, in die man links einbiegt.

Der dritte Weg links ist ein Landwirtschaftsweg, der nach 300 Meter rechts abbiegt und zum Wald führt. Durch den Golfplatz „Nahetal" radelt man weiter, an den „Drei Buchen" vorbei zum Birkerhof (Gasthaus). Rechts ab-

# Highlights
## am Wegesrand

**Uferpfad und Winzerhöfe**
Erkunde den weniger bekannten Uferpfad in Niederhausen und besuche die charmanten Winzerhöfe für eine lokale Weinverkostung.

**Weißer Stein und Fachwerkidylle**
Bestaune den „Weißen Stein", ein weniger bekanntes Naturdenkmal, und schlendere durch die idyllischen Fachwerkgassen von Duchroth.

**Keltischer Ringwall und Klostergarten**
Entdecke den keltischen Ringwall bei Feilbingert für eine geschichtsträchtige Wanderung und erkunde den heimeligen Klostergarten abseits der Touristenpfade.

**Drei Steine und Kurparkbrücke**
Entdecke die markanten „Drei Steine" am Nahe-Ufer und überquere die malerische Kurparkbrücke für einen entspannten Spaziergang.

**Hexenturm und Weinlagenweg**
Besuche den malerischen Hexenturm in Altenbamberg und erkunde den Weinlagenweg für einen ruhigen Spaziergang durch die Weinberge.

wärts in Kurven durch die Weinberge. Dann folgt man links dem Schild zum Steinskulpturenpark mit Museum. Man sieht zwei hohe „Büchersäulen" aus verschiedenen Steinen und hat einen einmaligen Rundblick auf den Rotenfels, die Ebernburg und den Rheingrafenstein.

Danach quert man die Landstraße in die Burgstraße und unterhalb der Ebernburg (Abstecher 600 Meter ansteigend) fährt man durch den Ortsmittelpunkt von Ebernburg.

In der Schlossgartenstraße zur B 48 (gegenüber der Künstlerbahnhof Ebernburg), links hinunter zur Nahe, rechts unter der Brücke hindurch und links über den Steg (Rad schieben) zum Schwimmund/Thermalbad, geradeaus in der Kurhausstraße zur Berliner Straße bis zum Bahnhof von Bad Münster.

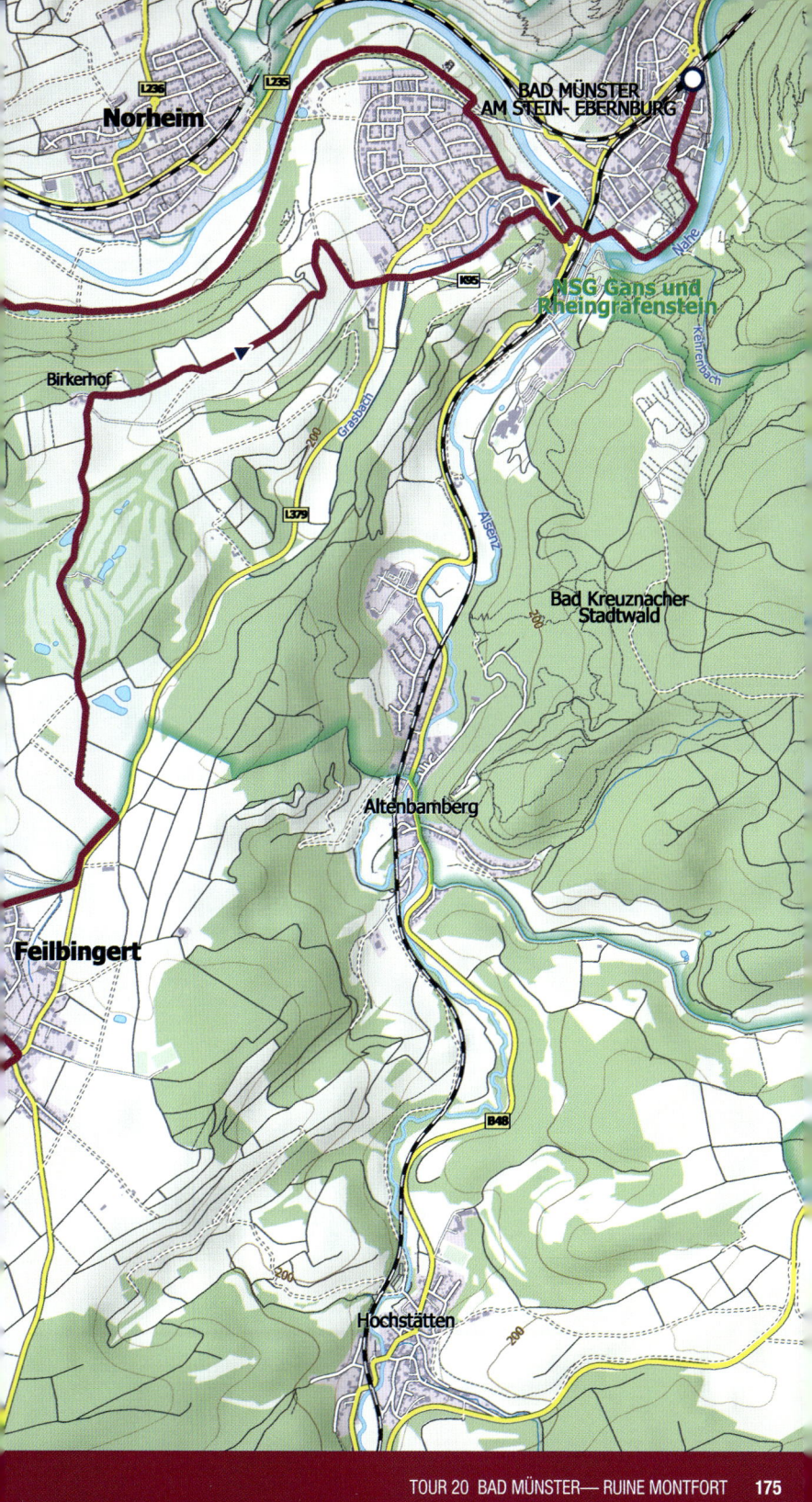

*Familientour mit Sehenswürdigkeiten, Seen und Gasthöfen*

# 21 RUND UM DIE GRUBE MESSEL

Start/Ziel
## BAHNHOF MESSEL

*Rundtour*
*24,4 Kilometer*
*90 Höhenmeter*

Grube Prinz von Hessen

Dass diese Tour leicht und bequem zu fahren ist, zeigt ein Blick auf das Höhenprofil. Einzig das Stück zwischen dem Kalkofen und Messel zieht sich etwas, weil es stetig 3 km bergauf geht, aber damit hat man auch die Hälfte der gesamten Höhenmeter geschafft. Mit Kindern ist das eine Traumtour mit so vielen Sehenswürdigkeiten, dass man sie ruhig öfter fahren kann. Auch eine Abkürzung gibt es, sodass sich die Tour auf die ganz individuellen Bedürfnisse anpassen lässt.

Vom Bahnhof Messel (RMV; wer mit dem Auto anreist, findet hier auch einen großen Parkplatz), fahren wir über die Bahnschranke in Richtung Darmstadt. Der Radweg verläuft schmal neben der Straße und bringt uns nach 1,5 km zum Abzweig der Grube Messel. Wir fahren hinein, so kommen wir nach etwa 300 Meter zum Infozentrum des UNESCO-Weltnaturerbes. Es gibt Führungen und durch eine Drehtür kommen wir zur Besucherplattform (kostenlos). Das vermittelt uns ein Bild von der Größe der Anlage. Wir sehen eine tiefe Grube und viele Erläuterungstafeln. Wir informieren uns im Besucherzentrum (es werden u. a. Filme gezeigt) und besuchen später auch das Heimatmuseum Messel, um uns Fossilien anzusehen (mehr davon gibt's im Senckenbergmuseum in Frankfurt). Wir nehmen an einer Führung teil (wenn wir Zeit haben), dann können wir sogar bei Grabungen zusehen. Jetzt ist schon ein Teil

# Highlights
## am Wegesrand

### Burg Frankenstein
Eine mittelalterliche Burg in der Nähe von Darmstadt mit einem atemberaubenden Blick auf die umliegende Landschaft. Etwa 20 km von der Grube Messel entfernt.

### Schloss Lichtenberg
Ein wunderschönes Schloss, das im 13. Jahrhundert erbaut wurde. Es liegt auf einem Hügel und bietet einen herrlichen Blick auf die umliegende Landschaft. Heute ist es ein Museum, das die Geschichte der Region und des Schlosses selbst zeigt. Etwa 30 km von der Grube Messel entfernt.

### Kühkopf-Knoblochsaue
Ein Naturschutzgebiet entlang des Rheins, das ein wichtiger Lebensraum für viele seltene Tier- und Pflanzenarten ist. Es bietet eine atemberaubende Landschaft und viele Rad- und Wanderwege. Etwa 40 km von der Grube Messel entfernt.

Burg Frankenstein

des Tages um und wir haben noch viele Programmpunkte vor uns. Als nächstes steht der Besuch der Grube Prinz von Hessen auf dem Programm. Wir fahren zur Straße zurück und neben dieser in Richtung Darmstadt bis zur nächsten Querstraße weiter (Dieburger Landstraße), dort biegen wir ab in Richtung Darmstadt. Der Weg verläuft breit und bequem links neben der Straße, durch einen Grünstreifen getrennt. Hier finden wir kurz hintereinander (rechts und links der Straße) zwei beliebte Lokale.

Nach gut einem Kilometer bemerken wir unendlich viele parkende Fahrzeuge am Straßenrand. Hier ist der beschilderte Abzweig zum Badesee. Wir folgen dem Weg links in den Wald. Wenige Hundert Meter weiter liegt die Grube Prinz von Hessen, die im Sommer voll ist mit Badegästen. Hier können wir einfach mal reinhüpfen. (Hier gibt's auch Eis- und Wurstverkäufer). Dann fahren wir auf dem Hauptweg (Nr. 11) weiter. Nach ca. 2 km gabelt sich der Weg, wir bleiben halb rechts. Das ist Genussra-

deln auf hohem Niveau, mitten durch den Wald, trotz geringfügigem Gefälle in Richtung Oberwaldhaus. Mit leichten Schwenkern geht es stets geradeaus. Wir überqueren einen kleinen Bach und ein paar Meter weiter geht der Weg rechts weg und kurz darauf nochmals rechts.

Wir folgen dem R8 (bzw. dem Ponyweg) und kommen direkt zum Ausflugsgebiet Steinbrücker Teich/Oberwaldhaus. Hier können wir Eis essen, Kaffee trinken, Boot fahren, Minigolf spielen oder den Kinderspielplatz besuchen. Geradeaus vor uns liegt der Parkplatz und die Dieburger Straße, die wir zur Weiterfahrt überqueren müssen. Wir fahren an der Schranke vorbei auf dem R8 und überqueren den kleinen Bach. Dann fahren wir links, folgen dem Weg 18, der uns direkt zum Weiher am Jagdschloss Kranichstein führt. Das Schloss beherbergt ein sehenswertes Jagdmuseum, das Bioversum und ein Gartenlokal. Ein Besuch lohnt sich. Dann fahren wir auf den Hauptweg (18) zurück und folgen ihm. Er führt in einem Bogen halb um den Teich, an einer Infostation (über Jagdsignale) vorbei und weiter zur Kranichsteiner Straße, die wir überqueren. Wir fahren durch den Naturlehrpfad (Bienenhotel, Lehrgehölze usw.) immer geradeaus, am Infoplatz über Hunderassen vorbei, immer weiter geradeaus. Schließlich liegt links neben uns ein Weiher und wir stoßen auf die Bahnli-

Grube Messel im Landkreis Darmstadt-Dieburg

nie. Wer genug hat, kann jetzt den Weg rechts nach Messel nehmen und ist nach 4 km Waldweg wieder beim Bahnhof. Wer noch Kraft hat, der fährt hier links in Richtung Weiterstadt/Kranichstein und verlässt den R8. Wir bleiben auf dem breiten Weg neben der Bahnlinie, beim S-Bahnhof vorbei (gegenüber sehen wir schon die Außenanlagen des Eisenbahnmuseums). Wir fahren durch die Eckhardwiesenstraße geradeaus bis zur Querstraße (Steinstraße), überqueren die Bahnlinie und nehmen nach 50 Metern die zweite kleine Querstraße rechts in Richtung Eisenbahnmuseum, das wir nach 800 Metern erreichen.

Nach dem Besuch des Eisenbahnmuseums fahren wir auf dem Weg weiter, biegen hinter dem Gebäude rechts weg, am Zaun entlang auf dem Weg 13, der uns jetzt links in Felder und in eine Niederung führt. Wir bleiben geradeaus und fahren mitten durch die Pferdekoppeln (was besonders die Kinder freut). Dann bleiben wir auf dem Hauptweg 13, der nach halb rechts schwenkt und einen kleinen Bach überquert. An der danach folgenden Wegkreuzung biegt der Weg rechts weg (!!), Weg 14 in Richtung Kalkofen. Andere Wege außer Acht lassen. Der Weg führt uns direkt zum beliebten Ausflugsziel Zum Alten Forsthaus Kranichstein/Kalkofen, mit Kaffee und Kuchen, Rehen und Pfauen.

Danach bleiben wir auf dem Hauptweg, der uns durch dichten Wald und den Berg hinaufführt. Die knapp 4 km ziehen sich etwas. Wir fahren schließlich durch ein Wildgatter und stoßen auf die Umgehungsstraße von Messel,

die wir überqueren müssen. Vorsicht! Hier gehört eigentlich eine Fußgängerampel hin. Auf der anderen Seite leitet ein schmaler Weg durch Büsche, der schnell breiter wird und an einem ehemaligen Forsthaus vorbeiführt. Wir sind jetzt in Messel und folgen dem Radweg Richtung Babenhausen/Dieburg, der uns auf eine ruhige Straße führt (Darmstädter Straße). Beim Schild „Bahnhof Messel", das nach rechts weist, fahren wir geradeaus weiter und bleiben auf dem Radweg 14 geradeaus Richtung Heimatmuseum. Genau auf der Ecke der Langgasse finden wir dann das kleine (oben schon erwähnte) Fossilien- und Heimatmuseum Messel, das einen Besuch lohnt. Dann fahren wir in der Langgasse geradeaus weiter. Beim Radwegeschild biegen wir zunächst rechts ab, dann gleich wieder links Richtung Dieburg/Babenhausen und an der Feuerwehr vorbei. Jetzt geht's auf einem Schotterweg geradeaus, an Kleingärten und Wiesen entlang, über eine Kuppe und dann ziemlich flott bergab bis zum Waldrand (Vorsicht, Schotter).

Wer will, kann hier noch ein Stück weiterfahren und dann mit einer Spitzkehre zum Bahnhof Messel zurückkehren. Ich empfehle aber schon hier am Waldrand den bequemen Weg rechts zu nehmen, der uns im Zickzack durch Wiesen und Felder führt. In der Ferne zeigt sich der Funkturm, aber so weit müssen wir nicht mehr. Wenn wir das Gewerbegebiet erreicht haben, fahren wir noch ein Stück geradeaus und sehen schon das Ytonwerk und den Bahnhof rechts vor uns.

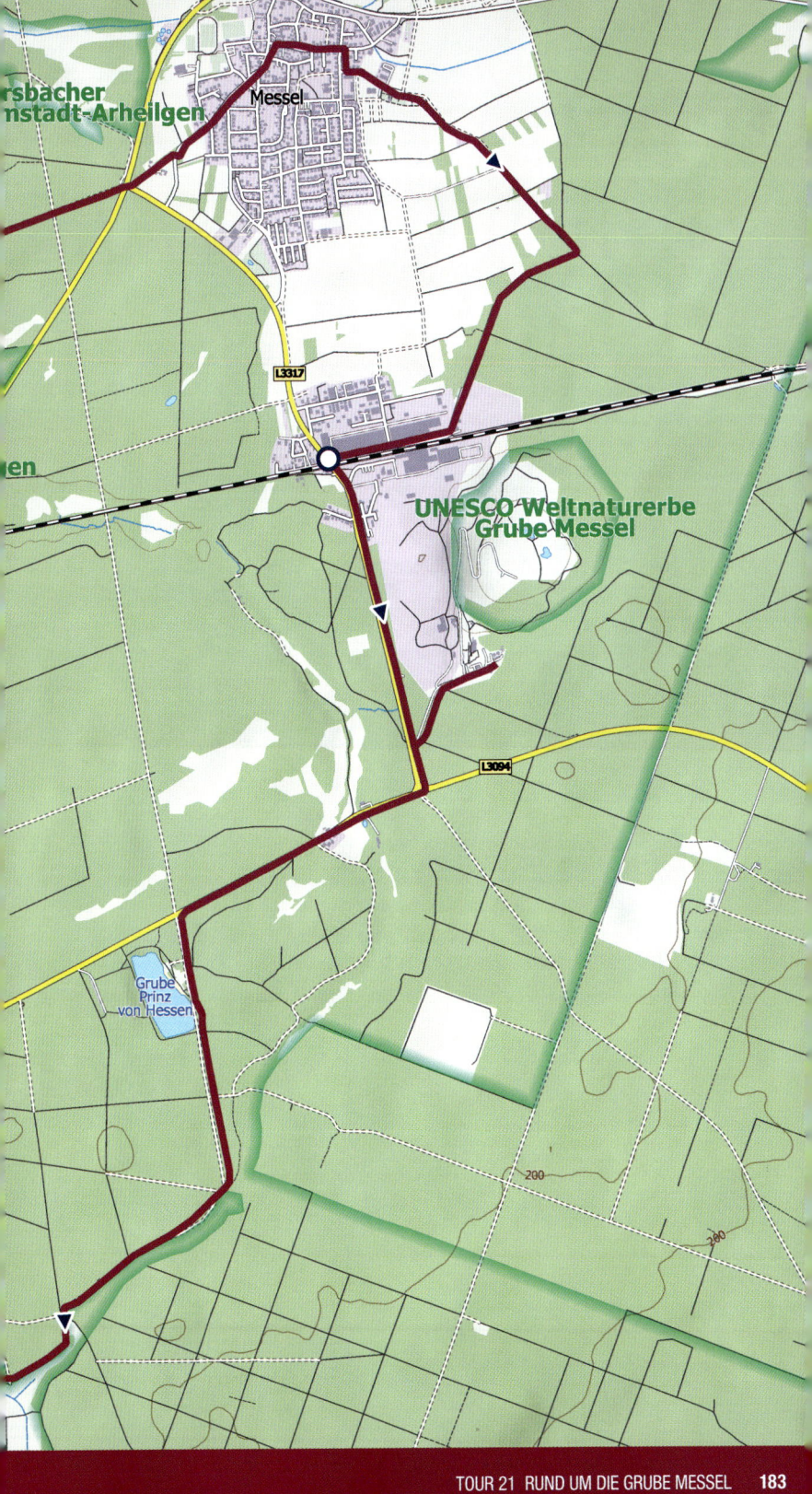

Von Rödermark nach Michelstadt

# 22 KLEINE ODENWALD-QUERUNG

von
# RÖDERMARK OBER-RODEN

nach
# MICHEL-STADT

*Streckentour*
*50 Kilometer*
*477 Höhenmeter*

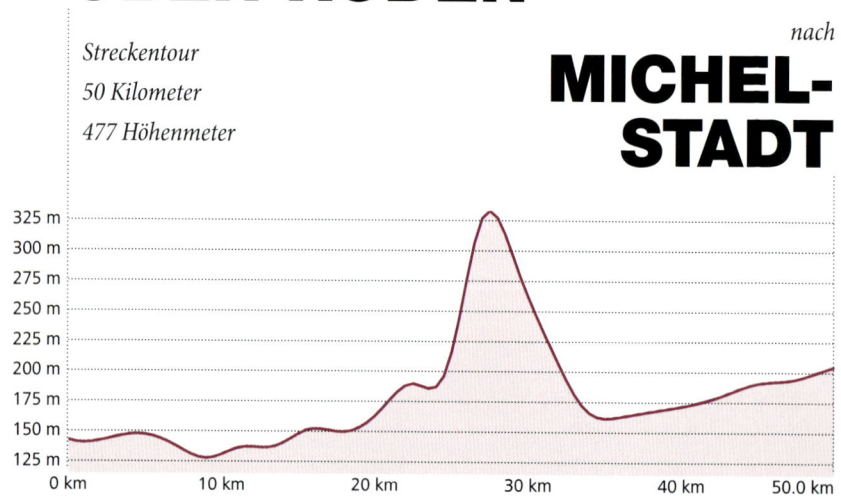

Durch die urigen Gassen von Michelstadt

Ein schöner Biergarten liegt an den Ausläufern des Odenwalds. Im ersten asphaltierten Pumptrack Hessens nutzen wir den Schwung. Fledermäuse suchen wir im Mausohr-Bahnhof. Erholung finden wir in Bad König.

Touren- bzw. Streckeninfos: ab Röder-Mark auf Südhessen-Route 5, ab Hergershausen (Babenhausen) über Hessischen Radfernweg R4, ein kurzes Stück auf dem Hessischen Radfernweg R9, ab Höchst auf dem Drei-Länder-Radweg. Tischtennisschläger einpacken!

Gemütlich geht es mit der S-Bahn in rund 40 Minuten ohne Umsteigen bis zur Endhaltestelle Rödermark-Ober Roden. Hier gibt es auch einen Parkplatz, die Anreise per Auto dauert allerdings ohne Verkehr ebenso lange wie die Anreise mit der Bahn. Über Wald- und Wiesenwege fahren wir auf der Südhessen-Route 5 zunächst aus dem Ortsgebiet hinaus und tauchen dann in das große Waldgebiet der Niederrodener Lache ein. Wir queren die Landstraße B 45 und fahren weiter, bis wir nach etwas mehr als 8 Kilometern den wunderschön am Fluss Gersprenz gelegenen Biergarten Langfeldsmühle (64832 Babenhausen/Hergershausen) erreichen, der direkt am Radweg liegt. Zwar wurde der Mühlenbetrieb in den 70er Jahren des vorigen Jahrhunderts eingestellt. Jedoch wurde eine Wasserturbine errichtet, die heute noch in Betrieb ist und Strom liefert. Wir befinden uns nun bereits an den ersten Ausläufern des Nördlichen Odenwalds.

Von außen ein ganz normales Bahnhofsgebäude: Der Mausohr Bahnhof in Mümling-Grumbach

Wir tauchen tiefer ins Gebirge ein, folgen dem Hessischen Radfernweg R4, der an Wäldern, Wiesen und gelegentlich Ortschaften entlangführt. Von der Marienstatue, die uns auf dem Weg begegnet, sind es nur noch wenige Kilometer bis nach Groß-Umstadt. Als Odenwälder Weininsel gehört Groß-Umstadt zum Weinanbaugebiet Hessische Bergstraße, Bereich Umstadt/Roßdorf. Die Anbaufläche beträgt 78 Hektar. Es werden unter anderem die Rebsorten Müller-Thurgau, Riesling, Silvaner, Kerner, Bacchus, Scheurebe, Dornfelder, Portugieser, Ehrenfelser, Chardonnay, Spätburgunder, Grauer und Weißer Burgunder sowie Gewürztraminer kultiviert. Der Radweg führt mitten durch den Ort an einem Eiscafé vorbei und schließlich gelangen wir zum Pumptrack Groß-Umstadt (Auswärtige Gebäude 79, 64823 Groß-Umstadt). Seit Mai 2017 gibt es diese Anlage, die dank ihrer 500 Meter langen asphaltierten Bahn zu jeder Jahreszeit, bei jedem Wetter und von allen Menschen jeden Alters befahren werden kann – mit Skateboard, Longboard, Inlineskates, Scooter oder eben Fahrrad. Wir wagen uns auf den Parcours, der in einer Endlosschleife angelegt ist. Für unsere schon etwas beanspruchten Beinmuskeln ist es genau das Richtige, denn durch schwungvolle Auf- und Abwärtsbewegungen kommen wir rasch auf Geschwindigkeit, ohne aktiv treten zu müssen.

**5**
Der Begriff „Röder Mark" bezeichnet den Zusammenschluss von fünf Gemeinden, die sich ehemals die Nutzung des zwischen ihnen gelegenen gemeinschaftlich verbliebenen Markwaldes teilten. Eine davon ist Ober-Roden, wo die aus Frankfurt kommende S-Bahn hält.

# Highlights
## am Wegesrand

**1.800**
Weibchen des Großen Mausohrs ziehen jeden Sommer im Dachboden des Mausohr-Bahnhofs ihren Nachwuchs auf. Diese bedeutendste Wochenstube der gefährdeten Fledermausart in Südhessen bildet den Mittelpunkt eines HGON-Artenschutzzentrums.

**1717**
zog die Grafenfamilie zu Erbach-Fürstenaus in das märchenhafte Gebäudeensemble ein und bewohnt es bis heute. Kunstinteressierte können in der Anlage Kunstwerke heimischer Künstler betrachten; vom Schloss aus kann man auch eine Wanderung entlang des „Kulturhistorischen Wanderwegs" starten.

Hinter Groß-Umstadt führt unsere Route dann hinauf in die Höhen des Odenwaldes. Schöne Aussichten sind die Belohnung. Wir kämpfen uns steil bergauf bis in den Ort Hering, an dessen Ortsausgang wir an einer Bank rasten. Hier genießen wir den Ausblick auf Hering und den Odenwald. An unserem Wegpunkt befindet sich auch ein kleines Restaurant. Kurz vor Schloss Nauses (64853 Otzberg) führt der Weg bergab und wir lassen das Rad rollen. Nun liegen bereits 30 Kilometer hinter uns. Am Schloss ist von einstigen Wehranlagen, Gräben und Wirtschaftsgebäuden nichts mehr zu sehen. Das Haupthaus (Herrenhaus) und der Torturm sind noch erhalten. Der spätgotische Torturm vermittelt mit seinen gebuckelten Eckquadern etwas von der Wehrhaftigkeit der ehemaligen kleinen Wasserburg. Die Nebengebäude wurden im

*Der Kurpark in Bad König ist ein Paradies für Kinder*

19. und 20. Jahrhundert errichtet. Wir fahren weiter auf dem R4, der an dieser Stelle für etwa 2 Kilometer parallel zum Hessischen Radfernweg R9 verläuft. Beide Radwege führen durch Höchst im Odenwald, wo sich die Routen trennen. Ein Stadtrundgang durch Höchst lohnt sich, nicht nur für Tischtennisfans. Denn der Tischtennisprofi Timo Boll ist der bekannteste Sohn der Gemeinde.

Höchst liegt im Mümlingtal, durch das wir jetzt bis zu unserem Ziel auf dem R4 sowie dem Drei-Länder-Radweg (Markierung mit Dreieck und der Zahl 3) weiterfahren. Hier im hinteren Buntsandstein-Odenwald prägen lang gestreckte Täler und Höhenrücken die Landschaft, auf die wir schauen. Wir kommen schon bald an den Mausohr-Bahnhof in Mümling-Grumbach. Hier sollen bereits um 1930 Fledermäuse auf dem Dachboden gewohnt haben. Heute ist der ehemalige Bahnhof die Basis für ein herausragendes Projekt, das Artenschutz und Umweltbildung mit Industriekultur vernetzt. Im Mausohr-Bahnhof entstehen gerade ein Artenschutzzentrum mit interaktiver Ausstellung über das Große Mausohr, Artenschutzgebäude mit Flugraum für Fledermäuse in Pflege, Räumlichkeiten für Seminare und weitere Veranstaltungen sowie ein großer Naturerlebnisgarten. Der Zutritt zum Gebäude ist im Moment nur zu ausgewählten Terminen möglich und fühlt sich wie eine Zeitreise an. Originale Elemente aus der

Bahnhofshistorie schaffen eine beeindruckende Kulisse.

Auf ebenem Radweg geht es ohne Steigungen bis zum Kurpark in Bad König. Dieser entstand in den 60er Jahren und hält viele tolle Spazierwege rund um Grünflächen und fischreiche Seen bereit. Im Sommer bieten Fontänen und ein toller Wasserspielplatz mit Matschbrunnen und Wasserpumpe eine angenehme Erfrischung. Eine längere Rast lohnt hier auch deshalb, weil wir uns in der Kneippanlage so richtig ausruhen können. Auf dem Planetenweg gibt es Informationen über das Sonnensystem. Wir beobachten umherfliegende Wasservögel. Und, wer seine Tischtennisschläger dabei hat, kann sie auch hier wieder zum Einsatz bringen. Der Kurpark ist wirklich eine tolle Erfahrung und wer länger Zeit hat, kann hier noch viel mehr entdecken. Unweit vom Radweg entfernt befindet sich auch die Odenwald-Therme (Elisabethenstraße 13, 64732 Bad König), die neben einem Thermalbad eine Saunalandschaft und eine Salzgrotte umfasst.

Für uns geht es weiter bis zum Biergarten Krone (Königer Str. 1, 64732 Bad König, nur sonntags am Nachmittag geöffnet, an anderen Tagen erst abends). Dieser gehört einem Gasthof an und ist wirklich empfehlenswert. In den Wintermonaten verwandelt er sich übrigens zu einem kleinen Weihnachtsmarkt. Nach einem kühlen Getränk im Schatten schwingen wir uns wieder in den Sattel und fahren bis zu unserem vorletzten Stopp, dem Schloss Fürstenau. Schloss Fürstenau in Michelstadt-Steinbach zählt zu den schönsten und romantischsten Schlössern in der Region. Schlosshof und Schlossgarten sind frei zugänglich und so drehen wir eine Runde auf dem Gelände.

Der kulturelle Höhepunkt erwartet uns nach den letzten 2 Kilometern in der historischen Altstadt von Michelstadt. Hier reihen sich die Fachwerkhäuser aneinander und viele ganz besondere Bauwerke finden wir unter ihnen. Wer nicht an der Geschichte der Gebäude interessiert ist, für den ist Michelstadt einfach nur ein wirklich lauschiges Plätzchen mitten im schönen Odenwald.

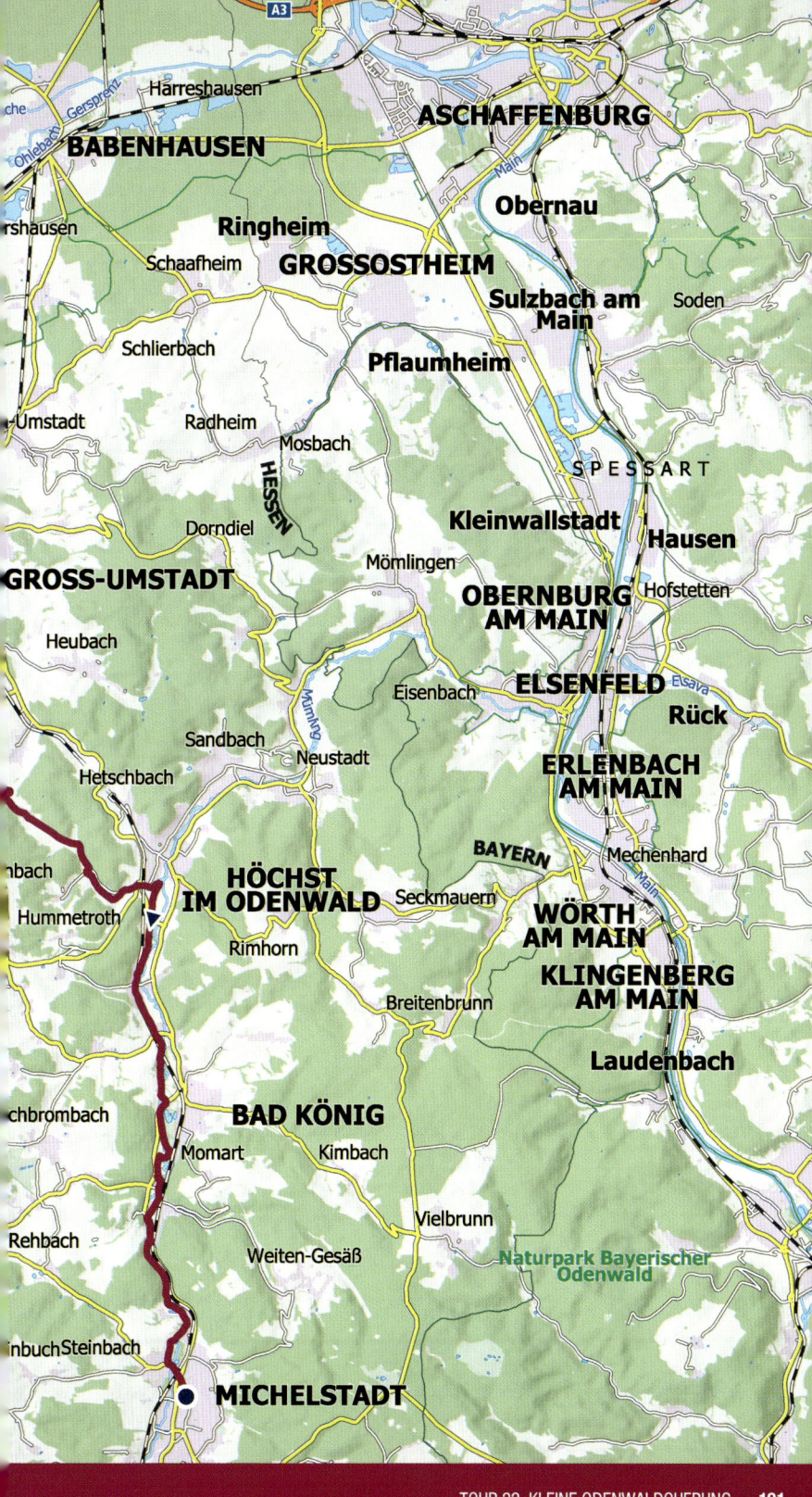

*Zwischen Odenwald und Spessart*

# 23 BÜRGSTADT – ASCHAFFENBURG

*von*
## BÜRGSTADT

*nach*
## ASCHAFFEN-BURG

*Streckentour*
*43,1 Kilometer*
*45 Höhenmeter*

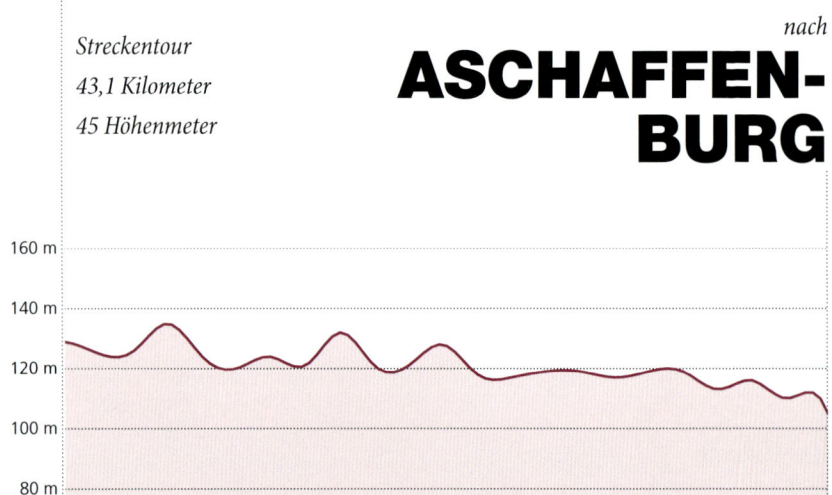

Miltenberg - Blick zur Burg

Die heutige Tour kann auf beiden Main-Seiten befahren werden, es gibt zwischendurch mehrere Möglichkeiten, das Ufer zu wechseln.

Von Bürgstadt radeln wir auf der Josef-Ullrich-Straße bis zum Flüsschen Erf, überqueren die Holzbrücke, halten uns rechts und unterqueren die Autobrücke. Dann links und unter der neuen Martinsbrücke hindurch, die rechts über den Main führt. Am Hallenfreibad vorbei gelangen wir zur Mainbrücke mit dem markanten Torturm, über die der Alternativweg verläuft. Nach links bietet sich ein kurzer Abstecher in die sehenswerte Altstadt von Miltenberg an. Wir fahren an der Uferpromenade entlang, bis nach links die Mainzer Straße abzweigt, der wir auf dem Radweg folgen. Beim Mainzer Tor wechseln wir die Straßenseite und schwenken in die Laurentiusstraße ein. Nach Überqueren der alten Mudbrücke unterqueren wir in einem Rechtsschwenk die Autobrücke und halten uns bei einer Schrebergartensiedlung wieder links, überqueren die Bahngleise und schwenken erneut links in den Altstadtweg. Beim Restaurant Parkhof biegen wir links ab und fahren auf dem Nebensträßchen „Im Steiner" durch Industriegebiet. Beim Ortsschild Markt Kleinheubach unterqueren wir die Neue Mainbrücke und fahren in einem scharfen Linksbogen hoch und über den Main nach Großheubach, das hoch oben thronende Kloster Engelberg im Blick. In einem Linksbogen wieder

# Highlights
## am Wegesrand

**Weinromantik am Main**
Erkunde das malerische Bürgstadt mit seinen Weinbergen und schlendere am Mainufer entlang. Die entspannte Atmosphäre lädt zum Verweilen ein.

**Stadttor und Fachwerk-Charme**
Entdecke Obernburg mit seinem eindrucksvollen Stadttor und der charmanten Altstadt voller Fachwerkhäuser – eine Reise in die Vergangenheit.

**Naturerlebnis im Kahlgrund**
Auf dem Weg nach Aschaffenburg kommst du durch das grüne Mömbris im malerischen Kahlgrund. Ideal für entspannte Spaziergänge oder Radtouren.

**Schloss Johannisburg und Pompejanum**
Bestaune das imposante Schloss Johannisburg in Aschaffenburg und tauche in die Geschichte ein, ebenso im Pompejanum – einer römischen Wohnhaus-Replik.

Richtung Main und auf einem gekiesten Weg über freies Feld zu einem großen Platz (Geo-Naturpark), wo verschiedene Baumsorten angepflanzt werden. Wir radeln durch den Camping „Am Leinritt", rechts oben in den Weinbergen erkennen wir die große Inschrift „Großheubacher Bischofsberg". Der Weg schlängelt sich ruhig durch Wiesen und Obstland vorbei am Camping Mainwiese und am Örtchen Rollfeld. Wir folgen einer kurzen Umleitung über die Rosenbergstraße und erreichen nach den Sportstätten und der Schleuse (wieder am Mainufer) Klingenberg mit schönem Blick hoch zur Burg.

Über die Mainbrücke radeln wir hinüber nach Trennfurt und halten uns rechts nach Wörth.

Am Ende der lang gezogenen Campingplätze, bei der Gaststätte U-Boot, schwenken wir rechts ans Mainufer und fahren entlang der Stadtmauer von Wörth (nach links bietet sich ein kurzer Abstecher in die gepflasterte Ortsmitte an). Kurz nach Unterqueren der

*Mainbrücke mit Tor in Miltenberg*

Eisenbahn macht der Weg einen Linksschwenk, bringt uns zu einer richtigen „Fahrrad-Autobahn", die schnurgerade Richtung Obernburg verläuft. Nach dem Brückchen über die Mümling biegen wir nach rechts in den Ziegelhüttenweg, fahren fast bis zum Main vor und auf die nächste sichtbare Brücke zu. Hier bietet sich wieder ein Abstecher nach links in die Ortsmitte von Obernburg an.

Unser Weiterweg verläuft unterhalb der begleitenden Straße durchs Grüne, wir passieren die Staustufe Großwallstadt und tangieren Großwallstadt auf einem verkehrsberuhigten Sträßchen entlang der Mainwiesen. Nach der Kirche biegen wir links in die Wallstraße und anschließend rechts in die Siegfriedstraße und an deren Ende wieder links in die Quellenstraße ein. Die zweite Abzweigung rechts leitet über Ackerland und zur blauen Mainbrücke, die nach Sulzbach hinüberführt. Wir fahren am Niedernberger Badesee vorbei (links kann man einen kurzen Ausflug zum Seehotel Niedernberg machen) und erreichen Niedernberg (am Ortsanfang ein netter Skulpturengarten rechts). Wir durchfahren den Ort in einem Rechtsbogen über die Hauptstraße und den Stadtweg und gelangen wieder in freies Feld. An der Schleusenabfahrt rechts vorbei stoßen wir auf den Industriepark und den Nilkheimer Park, schön versteckt hinter der dicht bewachsenen Böschung. Wir unterqueren eine Bahnbrücke, stoßen auf den Mainwiesenweg, fahren unter

einer großen Autobrücke hindurch und an Kleingärten entlang. Kurz darauf sind wir an der Willigisbrücke, über die wir ins Zentrum von Aschaffenburg gelangen.

Wir überqueren in Miltenberg die Mainbrücke mit dem Brückentor, folgen der Brückenstraße, passieren rechts den Bahnhof, überqueren die Gleise und folgen den Radmarkierungen im Zickzack durch das Industriegebiet. Über die Miltenberger Straße erreichen wir die Industriestraße, der wir bis zur Neuen Mainbrücke folgen. Rechts oben thront Kloster Engelberg. Wir überqueren den Main und schwenken rechts in die Hauptstraße, die uns nach Kleinheubach leitet. Rechts ein kurzer Abstecher zum Schloss Löwenstein. Auf der Baugasse gelangen wir in die Marktstraße und zur Radwegekirche St. Martin, verlassen den Ort über den Bildweg und die Spessartstraße und radeln durch viel Grün nach Laudenbach. Wir bleiben auf dem Uferweg, der zwischen Fluss und der etwas oberhalb liegenden Straße und Bahnlinie verläuft. Nach dem Aqua-Camping fahren wir am Ortsrand von Trennfurt bis zum Bahnhof Klingenberg und biegen rechts ab über die Mainbrücke nach Klingenberg. Links, zunächst am Ufer entlang, dann rechts auf dem Wiesgrabenweg vor zur Lud-

Am Niedernberger Badesee

wigstraße. Ab dem Ortsende folgen wir dem unterhalb der Weinberge direkt neben der viel befahrenen Straße verlaufenden Radweg nach Erlenbach. Die Miltenberger Straße verlassen wir nach links, biegen in die Berliner Straße ein und schwenken dann nach rechts in die Geschwister-Scholl-Straße. Schnurgerade führt der Radweg am Industriecenter Obernburg mit seinen markanten Schloten vorbei (Glanzstoffstraße), unter der Autobrücke hindurch und zum Bahnhof Elsenfeld.

Wir unterqueren die Bahn nach rechts (Treppe mit Radschiebespur) und folgen ihr. Beim Knabenweg unterqueren wir die Bahn nach links und fahren an ihr entlang bis zum Ortsanfang von Kleinwallstadt („Am Hinterfeld"). Linkshaltend zur Schleuse, dann wieder rechts, und über die Ringstraße und den Böhmesweg verlassen wir den Ort und radeln durch schattige Baumreihen und viel Grün an Sulzbach vorbei nach Obernau. Kurz vor der Schleuse knicken wir rechts ab, fahren im Zickzack durch den Ort, unterqueren zwei Brücken und folgen der etwas höher verlaufenden Bahn. Die Bahnlinien vereinen sich und wir überqueren die Bahn nach links, fahren am Floßhafen vorbei nach Aschaffenburg zur Willigisbrücke.

*Historische Städte,*

# 24 ROMANTISCHE DÖRFER

*von*
# GEMÜNDEN

*101,1 Kilometer*
*674 Höhenmeter*

*nach*
# KLINGENBERG

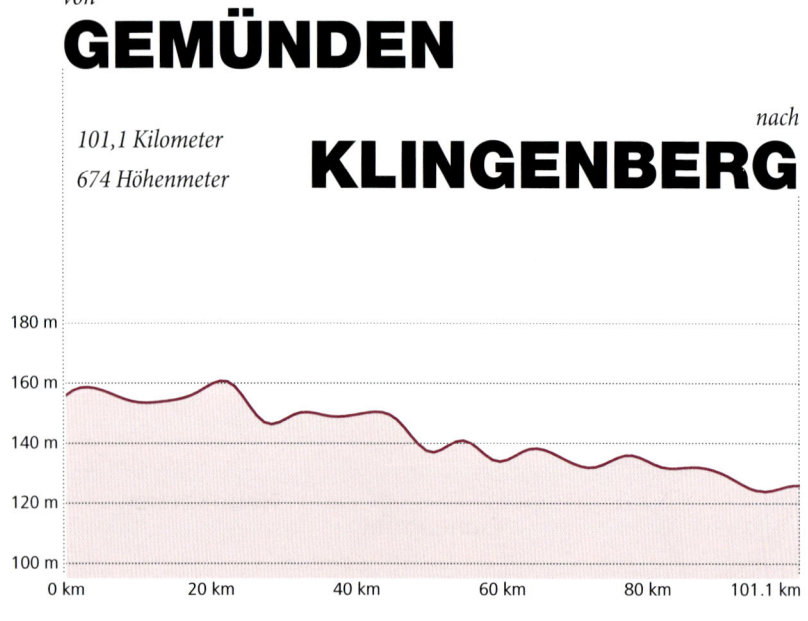

Blick über Miltenberg

Die Passage von Gemünden bis Klingenberg verläuft hauptsächlich auf flussnahen und flachen Radwegen durch viel Grün. Streckenweise fährt man entlang der Autobahn, der Radweg ist von dieser meist durch Büsche und Bäume abgetrennt. Direkte Verkehrsberührungen gibt es wenig.

Vom Marktplatz in Gemünden geht es auf der orografisch linken Seite des Mains durch Hofstetten und weiter im Wald durch das Naturschutzgebiet „Graureiherkolonie am Salzberg", in dem allerdings nur mehr selten Graureiher brüten. Man passiert Steinbach und erreicht Sendelbach, von wo aus man unbedingt einen Abstecher in die „Schneewittchenstadt" Lohr am Main machen sollte.

Nach dem kurzen Ausflug radelt man weiter linksseitig des Mains, passiert Pflochsbach und gelangt nach Erlach, einem Ortsteil des auf der anderen Flussseite liegenden Neustadt am Main. Das Kloster Neustadt am Main ist heute ein Kloster der Missions-Dominikanerinnen, bereits vor dem Jahr 769 gab es an dieser Stelle ein Benediktiner-Kloster. 1803 wurde es im Zuge der Säkularisation aufgelöst.

Stets mainbegleitend geht es weiter aus Erlach hinaus durch Felder, Wiesen und Wald, vorbei an Zimmern bis nach Marktheidenfeld. Der Ort entstand vermutlich im 8. Jh., 1397 wurde er erstmals als Stadt erwähnt. Zwischen 1522 und 1530 wurde die Reformation eingeführt,

Blick von der Ruine Clingenburg

ab 1612 regierte die Gegenreformation. Sehenswert ist die aus rotem Sandstein bestehende Alte Mainbrücke. Die imposante Steinbogenbrücke mit einer Länge von rund 190 Metern wurde 1845 freigegeben. Nur wenige Meter abseits der Route lohnt ein Bummel durch die Altstadt mit ihren historischen Fachwerkbauten und den Marktplatz mit dem Fischerbrunnen. In der Laurentius-Kirche lassen sich wertvolle Gemälde und Fresken bewundern. Auch das 1745 erbaute und reich verzierte „Franck-Haus" in der Untertorstraße sollte man gesehen haben. Die Fassade des barocken Bürgerhauses wurde mit „Smalte" bemalt. Die kobaltblaue Farbe war zur Erbauungszeit die teuerste Farbe überhaupt, im Zuge der Restaurierung wurde sie wiederhergestellt. Im Franck-Haus gibt es wechselnde Kunst- und Themenausstellungen sowie eine Schauschmiede im hinteren Gartenbereich.

In weiterer Folge erreicht man Triefenstein und schließlich dessen Ortsteil Homburg, der direkt an der baden-württembergischen Grenze liegt. Homburg wurde 993 erstmals urkundlich erwähnt und bekam 1366 Stadtrechte. Der Ort liegt inmitten von Weinbergen und ist bekannt für seine Weine. Doch nicht nur der Rebensaft lockt nach Homburg; mit der 200 Jahre alten Papiermühle gibt es auch hier ein ganz besonderes Museum. Das auffällige Haus mit seinem pagodenförmigen Walmdach ist eines der Wahrzeichen des Winzerortes. Seit fünf Generationen wird hier Papier hergestellt, die Energie für den Produktionsprozess liefert ein Wasserrad. Besucher können selbst Büttenpapier schöpfen und erfahren viel Interessantes über die alte Handwerkskunst. Weithin sichtbar und ebenfalls einen Abstecher wert ist natürlich das Fachwerk-Schloss in Homburg.

Bei der Weiterfahrt passiert man Bettingen und Urphar, durchquert das Naturschutzgebiet Leitenrain und gelangt mit dem Schwung der nächsten Mainschlei-

## Highlights
### am Wegesrand

Porzellan sowie Gemälde der Heidelberger Romantiker.
Es gibt einen Weg vom Parkgelände zur Burg Wertheim.

### Mildenburg
Die um 1200 als Zollstelle und Machtsymbol erbaute Mildenburg wurde mehrfach erweitert und nach der Zerstörung im Markgrafenkrieg durch den Erzbischof Daniel Brendel von Homburg teilweise wieder aufgebaut. Bis ins 19. Jh. war sie Sitz der erzbischöflichen Burggrafen.
Seit 2011 beherbergt die Mildenburg ein Museum. Es zeigt alte russische und griechische Ikonen sowie rumänische Hinterglas-Ikonen und moderne Kunst; auch die ereignisreiche Burggeschichte wird erläutert. Von der Burgterrasse aus hat man eine außerordentlich schöne Aussicht auf die Stadt und das Maintal.

### Museumsschlösschen im Hofgarten
1777 ließ Graf Friedrich Ludwig das Eicheler Hofgartenschlösschen als Sommerhaus errichten, der Garten wurde 1815 bis 1817 in einen englischen Landschaftspark umgeformt.
Das Rokokoschlösschen dient seit 2006 als Kunstmuseum. Es zeigt eine umfangreiche Sammlung von Gemälden der Berliner Secession, eine wechselnde Auswahl einer Sammlung von klassizistischem Pariser

fe nach Wertheim. Am Ortsbeginn lockt bereits das Museumsschlösschen im Hofgarten mit einer kulturellen Pause.

Da die Route kurz vor dem Stadtgebiet an das andere Mainufer wechselt, sollte man einen Abstecher in die ehemalige Burgsiedlung andenken. Ihre Ursprünge gehen auf das 12. und 13. Jh. zurück, im Laufe der Zeit wurde das Siedlungsgebiet stets erweitert. Von der Oberburg steht noch der Bergfried, vom Palais ist noch eine Fenstergruppe aus der Stauferzeit erhalten, darunter die zur Wohnburg umgebaute Vorburg. Heute findet man in Wertheim ein denkmalgeschütztes Gesamtensemble, bestehend aus der imposanten Burgruine, mittelalterlichen Gassen, Fachwerkhäusern und vielen erhaltenen Baudenkmälern. Auch die ehemalige Stadtmauer ist noch gut zu erkennen. Der „Spitze Turm" ist ein an der Taubermündung gelegener Stadtmauerturm, der Teil der zwischen 1200 und 1400 errichteten Kernstadtbefestigung

Die Seltenbachschlucht bei Miltenberg

war. Eines der wenigen erhaltenen Stadttore ist das Maintor, es verbindet den Marktplatz und die Mainlände. In einem schönen Fachwerkhaus ist das Glasmuseum untergebracht, in dem man vom ägyptischen Luxusglas bis zum heutigen Laborglas alles findet und Glasbläser bei ihrer Arbeit beobachten kann. Das Grafschaftsmuseum unweit des Marktplatzes befindet sich in einem Gebäudekomplex aus dem 16. Jh. Darin untergebracht ist auch das Otto-Modersohn-Kabinett. Nur einen kurzen Spaziergang davon entfernt steht die evangelische Stiftskirche St. Marien. Das als Radwegekirche ausgewiesene Gotteshaus stammt aus dem Jahr 1384 und beherbergt die Wertheimer Madonna aus dem Jahr 1329 und hat eine Sonnenuhr. Im Bibliotheksanbau aus dem Jahr 1448 werden etliche mittelalterliche Handschriften und frühe Drucke aufbewahrt.

Nach dem Wertheim-Abstecher geht es kurz vor der Stadt auf die andere Mainseite nach Kreuzwertheim. Die Besiedlung der Gemarkung mit heute knapp 4.000 Einwohnern geht bis in die Steinzeit zurück, was Steinbeilfunde belegen. Die ursprünglich romanische evangelische Kirche dürfte in ihren Anfängen bis in die Zeit der Einführung des Christentums zurückreichen. Sie war eine aus Findlingssteinen erbaute Kapelle und wurde später in verschiedenen Bauabschnitten verändert und vergrößert. In diesem Kirchlein befindet sich ein wertvoller spätgotischer Hochaltar. Die mit Schnitzereien verzierte Kanzel stammt aus dem Jahre 1682 und der Taufstein trägt die Jahreszahl 1683. Das Museum Prassek-Scheune befasst sich mit der Lokalgeschichte.

Rechts des Flusses geht es dann weiter vorbei an Hasloch und Faulbach

nach Stadtprozelten. Das kleine Städtchen wird überragt von der Ruine der Henneburg. Der mittelalterliche Charakter von Stadtprozelten zeigt sich besonders in den schönen Fachwerkhäusern und dem historischen Rathaus aus dem Jahre 1520. Im weiteren Wegverlauf passiert man Dorfprozelten, Collenberg und überquert an der Schleuse Freudenberg den Main. Freudenberg wurde 1287 erstmals als Stadt erwähnt, verlor das Stadtrecht im Jahr 1935 und bekam es 1956 erneut verliehen. Die Burg Freudenberg wurde zwischen 1160 und 1200 erbaut. Die äußeren Wehrmauern der Hangburg, die das Städtchen ursprünglich umschlossen, reichen bis zum Main hinab. Ab dem 16. Jh. verfiel die Burg, seit dem Ende des Zweiten Weltkriegs wird sie nach und nach restauriert. Der Burghof dient heute alle zwei Jahre als Freilichtbühne.

Das nächste Highlight im Wegverlauf ist dann mit Bürgstadt rasch erreicht. Der 1181 erstmals urkundlich erwähnte Ort ist eine der größten Weinbaugemeinden am Untermain und besonders für seinen Rotwein bekannt. Sehenswert sind das um 1590 erbaute Historische Rathaus und die um 1300 errichtete Pfarrkirche St. Margareta mit ihrem gotischen Portal. Auch die um 950 erbaute Martinskapelle sollte man nicht unbeachtet lassen. Das Museum in der ehemaligen Mittelmühle bietet Interessantes zu den Themen Weinbau, Tabakanbau, frühe Lokalgeschichte und dörfliches Alltagsleben.

Beinahe nahtlos geht Bürgstadt dann in Miltenberg über. Die Stadt hatte schon zu Römerzeiten strategische Bedeutung, führte doch hier der Limes zum Main. Die Stadt entwickelte sich im Schutz der um 1200 erbauten Mildenburg. Sie wurde 1237 erstmals erwähnt und bereits ab 1379 von zwei Stadttoren begrenzt. Auf dem von vielen schönen Fachwerkhäusern umgebenen Marktplatz findet man den Marktbrunnen, der 1583 vom Bildhauer Michael Junker aus rotem Sandstein erschaffen wurde und mit dem Hotel Zum Riesen eines der ältesten Gasthäuser Deutschlands. Der Schnatterlochturm am hinteren Teil des Platzes bildet einen Durchgang zum Wald. Hier beginnt auch ein Fußweg, der Besucher direkt zur Mildenburg führt. Das Schnatterloch selbst ist ein Loch im Turm, von dem aus eine Entwässerungsrinne zum Marktplatz führt. Direkt am Platz liegt das Stadtmuseum in einem reich verzierten Fachwerkhaus mit Renaissance-Erker, in unmittelbarer Nähe befindet sich die Stadtpfarrkirche St. Jakobus.

Bei Kleinheubach quert man schließlich abermals den Main nach Großheubach. Von dort geht es weiter vorbei an Röllfeld bis nach Klingenberg am Main. Die staufische Klingenburg wurde 1177 erbaut, die älteste Stadterwähnung stammt aus dem Jahr 1276. Die 1552 im Markgräflerkrieg fast völlig zerstörte Stadt wurde in den folgenden Jahrzehnten wieder aufgebaut. Von Klingenberg in Richtung Osten führt die Seltenbachschlucht, die in die Liste der 100 schönsten Geotope Bayerns aufgenommen worden ist. Die hier durch Verwitterung freigelegten Schichten zeigen 250 Millionen Jahre Erdgeschichte. Oberhalb der Schlucht lagert besonders reiner und begehrter Ton, der im 19. Jh. bergmännisch abgebaut wurde und der Stadt so großen Wohlstand brachte, dass selbst die Mainbrücke 1880 aus dem Stadtsäckel bezahlt werden konnte. Besuchen lässt sich in Klingenberg außer der Schlucht auch die Altstadt mit dem Alten Rathaus aus dem Jahre 1561. Das schöne Fachwerkhaus beherbergt heute die Touristinformation. Ebenfalls in der Altstadt steht das Stadtschloss, ein Renaissancebau aus dem Jahr 1560. Die Ruine der Clingenburg ist heute touristisch erschlossen. Ein Restaurant mit einer Aussichtsplattform wurde errichtet und seit 1994 finden hier jeden Sommer die Clingenburg Festspiele statt.

Die Festung Mildenburg

Historisches Städtchen im Main-Spessart-Gebiet

# 25 HIMMELSTADT DAZWISCHEN

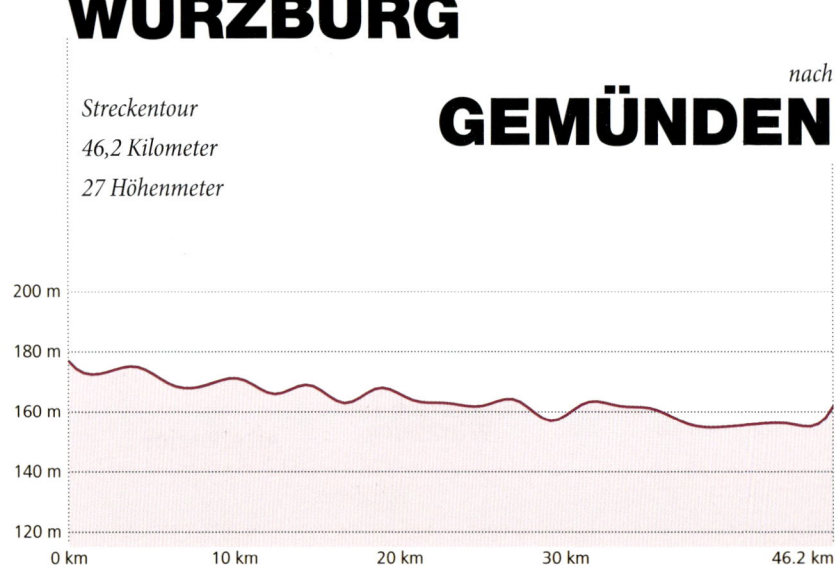

von
## WÜRZBURG

nach
## GEMÜNDEN

*Streckentour*
*46,2 Kilometer*
*27 Höhenmeter*

Würzburg – Festung Marienburg und Alte Mainbrücke

**Von Würzburg bis Karlstadt verläuft die Tour links vom Main (mit einer kleinen Alternativmöglichkeit zwischen Zellingen und Himmelstadt), ab Karlstadt bis Gemünden radeln wir am rechten Mainufer. Der Abstecher nach Veitshöchheim ist Ehrensache.**

Flacher und flussnaher, fast durchgängiger Radweg links (bis Karlstadt) und rechts (ab Karlstadt bis Würzburg) des Mains durch viel Grün, sonnige Passagen wechseln mit schattigen, baumbestandenen Wegabschnitten ab.

Über die Alte Mainbrücke in Würzburg radeln wir in einem Linksbogen unter ihr hindurch und folgen der Beschilderung nach Zell. Am anderen Ufer taucht der Alte Kran auf. Bei der Friedensbrücke kann man wählen: links zur Straße hoch und ihr folgen oder geradeaus unter der Brücke hindurch. Nach den Sportstätten treffen sich die beiden Wege wieder. Wir unterqueren die Brücke der Deutschen Einheit, genießen den Blick rechts hoch zu den Weinhängen, stoßen beim Würzburger Fußballverein auf den Alternativweg und radeln geradeaus am parkähnlichen Mainufer entlang weiter. Hinter hohen Mauern versteckt sich links das Kloster Himmelpforten, rechts passieren wir einen kleinen Bootshafen. Links tauchen Felswände am Weg auf, dann passieren wir erneut eine hohe Mauer; da-

# Highlights
## am Wegesrand

**Bürgerspital und Lusamgärtchen**
Entdecke das Bürgerspital und entspanne im Lusamgärtchen, einem ruhigen Garten mit Skulpturen und Blumen.

**Alter Ortskern und Mainpromenade**
Schlendere durch den charmanten alten Ortskern von Himmelstadt und genieße die entspannte Atmosphäre an der Mainpromenade.

**Schloss und Schlosspark**
Besuche das weniger bekannte Schloss in Urspringen und erkunde den angrenzenden Schlosspark für eine ruhige Auszeit.

**Mainfähre und St.-Martins-Kapelle**
Nutze die Mainfähre in Gemünden für eine besondere Überquerung und besuche die St.-Martins-Kapelle für eine kleine kulturelle Entdeckung.

hinter versteckt das Kloster Oberzell, dessen Türme aber gut zu sehen sind. Nachdem wir eine Straßenbrücke unterquert haben, gelangen wir nach Zell und machen einen kleinen Abstecher links zur Versöhnungskirche, die als Radwegekirche ausgeschildert ist. Der Radweg verläuft sehr schön durch Büsche und Bäume mit teils sonnigen, teils schattigen Abschnitten zwischen Straße und Main. Nach Unterqueren der großen Eisenbahnbrücke haben wir Margetshöchheim erreicht und stoßen auf den geschwungenen Ludwig-Volk-Steg, der uns nach Veitshöchheim hinüberleitet.

Über die Straße Am Güßgraben und die Thüngersheimer Straße radeln wir zum Veitshöchheimer Schloss und seinem wunderbaren Rokokogarten. Über die Mainlände geht es wieder zurück zum Steg und hinüber nach Margetshöchheim zum Radweg. Entlang

Versteckte Gassen in Oberzell

der Häuser radeln wir am Mainufer entlang aus dem Ort, durch Obstplantagen, Büsche und Bäume, passieren links den Erlabrunner Badesee und bald darauf die Schleuse. Dann ist das Wein- und Clematisdorf Erlabrunn erreicht. Auf herrlich glattem Asphalt umfahren wir den Ort, schöne Aussichtsplätze am Main laden immer wieder zu Pausen ein. Auf der Gassenwiese fahren wir in Zellingen ein, gegenüber sind die imposanten Steilhänge (Benediktushöhe) bei Retzbach zu sehen. Wir schwenken zweimal rechts zum Campingplatz, unterqueren den Zellinger Steg (hier ist eine kurze Alternativroute über Retzbach bis Himmelstadt möglich), und folgen dem Mainufer. Unter einer Straßenbrücke und durch sehr viel Grün radeln wir bald wieder über freies Feld. An einer weiteren Schleuse vorbei gelangen wir nach Himmelstadt, das sich Wein- und Weihnachtsdorf nennt. Wir stoßen auch bald auf viele Infotafeln zu Weihnachtsbriefmarken und zu einem

Hochbetrieb auf dem Ludwig-Volk-Steg

Ökologischen Weinlehrpfad, wo man diverse Traubensorten probieren kann.

Über freies Ackerland geht es weiter entlang der großen Mainschleifen mit herrlichem Blick in die Weinhänge. Ein gut sichtbarer spitzer Kirchturm weist uns den Weg nach Laudenbach. Vorbei am Schloss (und einem schönen Biergarten) taucht links zunächst ein riesiger Steinbruch auf und wenig später ist die Ruine Karlsburg zu sehen. Wir unterqueren die Mainbrücke und fahren in einer Linksschleife hoch und über den Main hinüber nach Karlstadt. Durchs Obere Tor, dann in einem Rechtsschwenk vor zum Mainufer und bei der Maingasse rechts zum Marktplatz und in die Fußgängerzone. Anschließend wieder links zur Mainpromenade und dem Radschild nach Gemünden folgen. Durch viel Grün, zwischen Bäumen, Büschen und Feldern rollt es sich hervorragend am Mainufer entlang. Etwas entfernt rechts verläuft die Eisenbahn. Wir passieren das Kraftwerk Harrbach –

über die Staustufe ist der Main hier auch zu überqueren.

Wir folgen der Mainschleife, hier weitet sich das Maintal wieder deutlich, und erreichen nach einem Rechtsbogen den Gemünder Stadtteil Wernfeld, links über dem Main liegt der Boothafen von Kleinwernfeld. Wir unterqueren den Steg, der hier über den Main führt und überqueren wenig später eine Brücke. Hier mündet der Wern in den Main. Es folgt ein weiteres herrliches Radelstück unterhalb der Bahnlinie, das teils zwischen Büschen und Bäumen, teils über freies Feld verläuft, immer unmittelbar in Ufernähe. Rechts tauchen die ersten Häuser auf, links passieren wir Kleingärten und der Radweg schlängelt sich weiter schön durchs Grün. Vorne ist bereits die Mainbrücke zu sehen. Nach einem Parkplatz unterqueren wir die Bahnlinie und fahren über die Mainstraße und die Obertorstraße links Richtung Marktplatz und in die Ortsmitte von Gemünden klik, mit herrlichem Blick rechts hoch zur Ruine Scherenburg.

Blick auf die Stadt Worms am Rhein

*Rheinhessen einmal ganz flach*

# 26 WORMS–HAMM-OSTHOFEN

Start/Ziel
## WORMS DOM ST. PETER

*Rundtour*
*50,2 Kilometer*
*12 Höhenmeter*

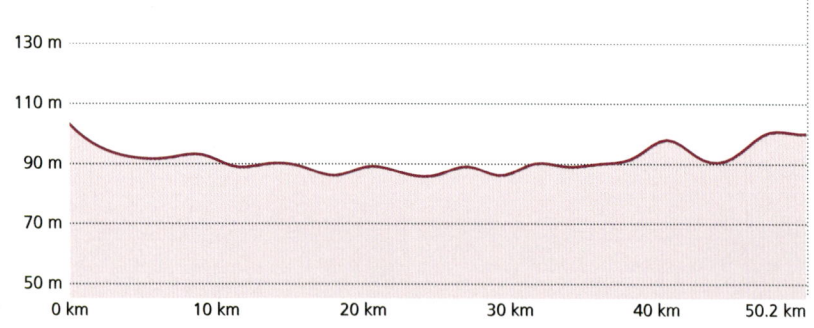

*Luftaufnahme des Doms St. Peter in Worms*

Rheinuferweg mit Vélo-Route Rhein-Rhin, Radwege, Weinbergwege, Landstraßen. Die Tour führt durch sehr flaches Gelände und ist für ältere Kinder geeignet.

Vom Wormser Dom (Ostseite) geht die Fahrt zum Marktplatz und durch die Fußgängerzone (Kämmererstraße) geradeaus über die Straßenkreuzung (Berliner Ring) auf den Radweg der Mainzer Straße. Danach schließt sich die B 9 an, der man auf dem Radweg unter der Eisenbahn hindurch bis zur Brücke über die Pfrimm folgt. Jetzt fährt man rechts auf dem ausgewiesenen Radweg „Im Pfaffenwinkel" zur Mündung der Pfrimm in den Rhein. Am Rheinufer flussabwärts (links ein Industriegebiet) radelt man später durch eine Grünanlage, danach paralell zur B 9 über eine Radfahrerbrücke über einen Bach. Der Vélo-Rhein-Rhin-Radweg führt nun rechts am Rheinufer entlang nach Rheindürkheim. Am Ortsende folgt man kurz der Kreisstraße, dann auf dem Rheindamm nach Ibersheim und nach Hamm.

Nun wieder auf der Straße in Richtung Rheinfähre, jedoch nur bis zum Abzweig links zum Eicher See. (Rennradler nehmen direkt die Strecke über Eich nach Gimbsheim.)

Weiter geht es am See entlang auf dem Uferweg oder auch auf dem Damm bis

Liebfrauenkirche bei Worms mit der berühmten Weinlage „Liebfrauenmilch"

zum Wirtshaus Gimbsheimer Fahrt. Von hier aus fährt man auf dem Strääßchen bis nach Gimbsheim. Im Ort folgt man dann rechts dem Schild „Guntersblum" und auf dem abgesetzten Radweg radelt man nach Guntersblum bis man den Bahnhof erreicht.

Dort geht es durch die Unterführung in die Hauptstraße, dann links in die Promenade (evtl. Abstecher in den Kellerweg) bis zum Rathaus, und links in die Straße, die am Ortsausgang mit dem Radweg nach Alsheim verläuft.

Gegen Ende des Ortes dem Radwegschild links folgen, durch die Weinrebenfelder zwischen Straße und Bahn. Alsbald erreicht man Mettenheim. Hier gibt es wieder eine Ortsdurchfahrt. Am Ende benutzt man den Radweg links der Straße nach Osthofen.

# Highlights
## am Wegesrand

**Lutherdenkmal und Heylshof-Garten**
Bestaune das Lutherdenkmal, das an den Reformator erinnert, und entspanne im Heylshof-Garten, einem idyllischen Park abseits der bekannten Routen.

**Klosterruine Heilsbruck und Naturpfade**
Erkunde die Klosterruine Heilsbruck für eine stille Zeit und folge den weniger frequentierten Naturpfaden für einen erholsamen Spaziergang.

**Backhausmuseum und Gedenkstätte KZ Osthofen**
Besuche das Backhausmuseum für einen Einblick in die lokale Tradition und die Gedenkstätte KZ Osthofen, die an die Geschichte des Konzentrationslagers erinnert.

**Fachwerkhäuser und Dorfkirche**
Schlendere durch die charmanten Fachwerkhäuser von Mettenheim und besuche die Dorfkirche für einen Einblick in die lokale Geschichte.

In der Stadt hält man sich genau an die Radweg-Richtungspfeile bis zum Ortsausgang. Jetzt geht die Fahrt über eine längere Strecke schnurgerade neben der Landstraße nach Worms-Herrnsheim.

Am Ortseingang steuert man zu dem Törchen am Anfang des Landschaftsparkes von Schloss Herrnsheim. Durch das Törchen schiebt man die Räder in und durch den Park zum Schloss.

Nun geht es geradewegs in der Herrnsheimer Hauptstraße 2 km lang dahin, dann weiter auf dem Radweg zur Von-Steuben-Straße, auf deren Radweg man hinein in das Zentrum und zum Bahnhof von Worms gelangt.

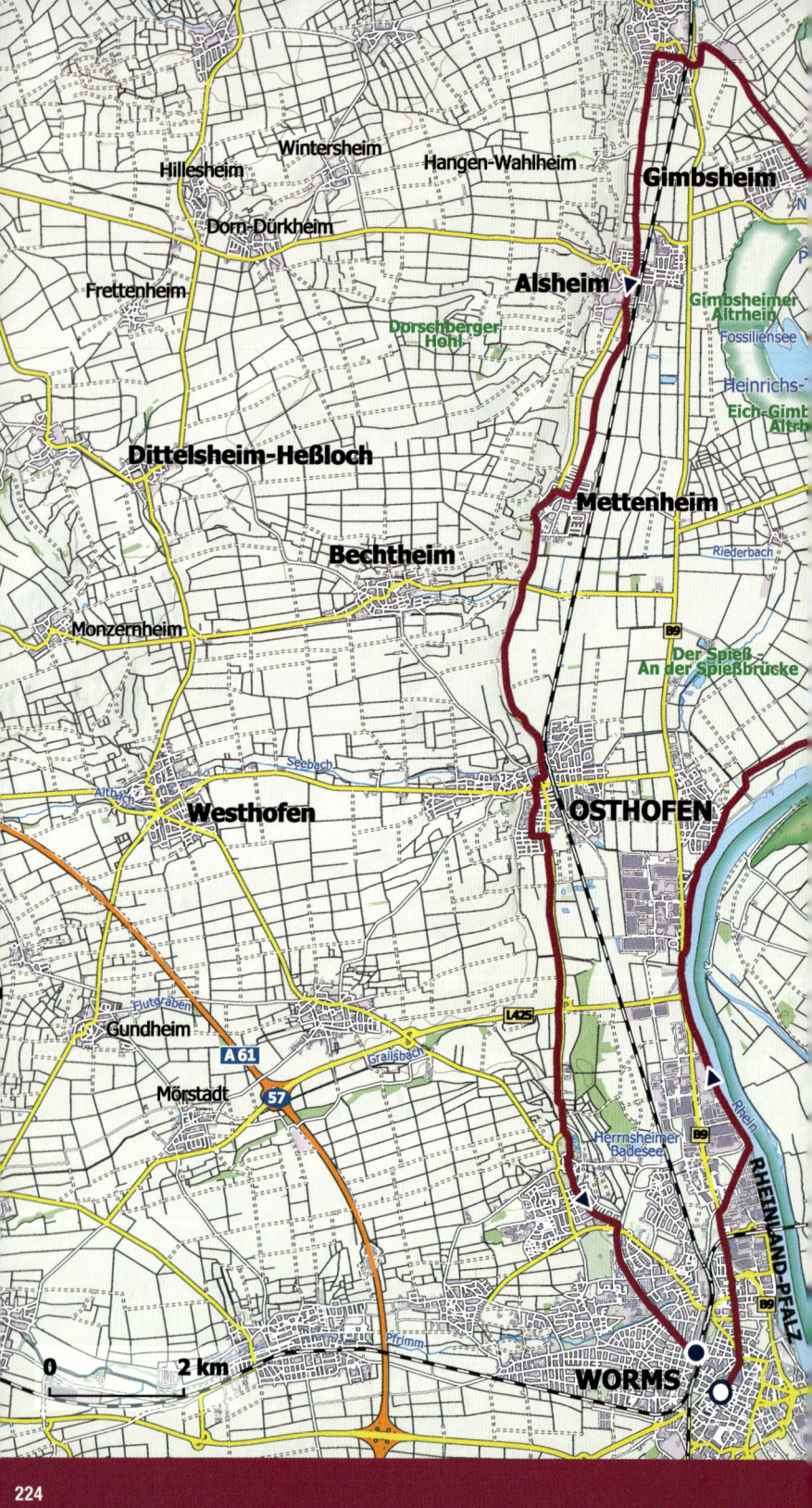

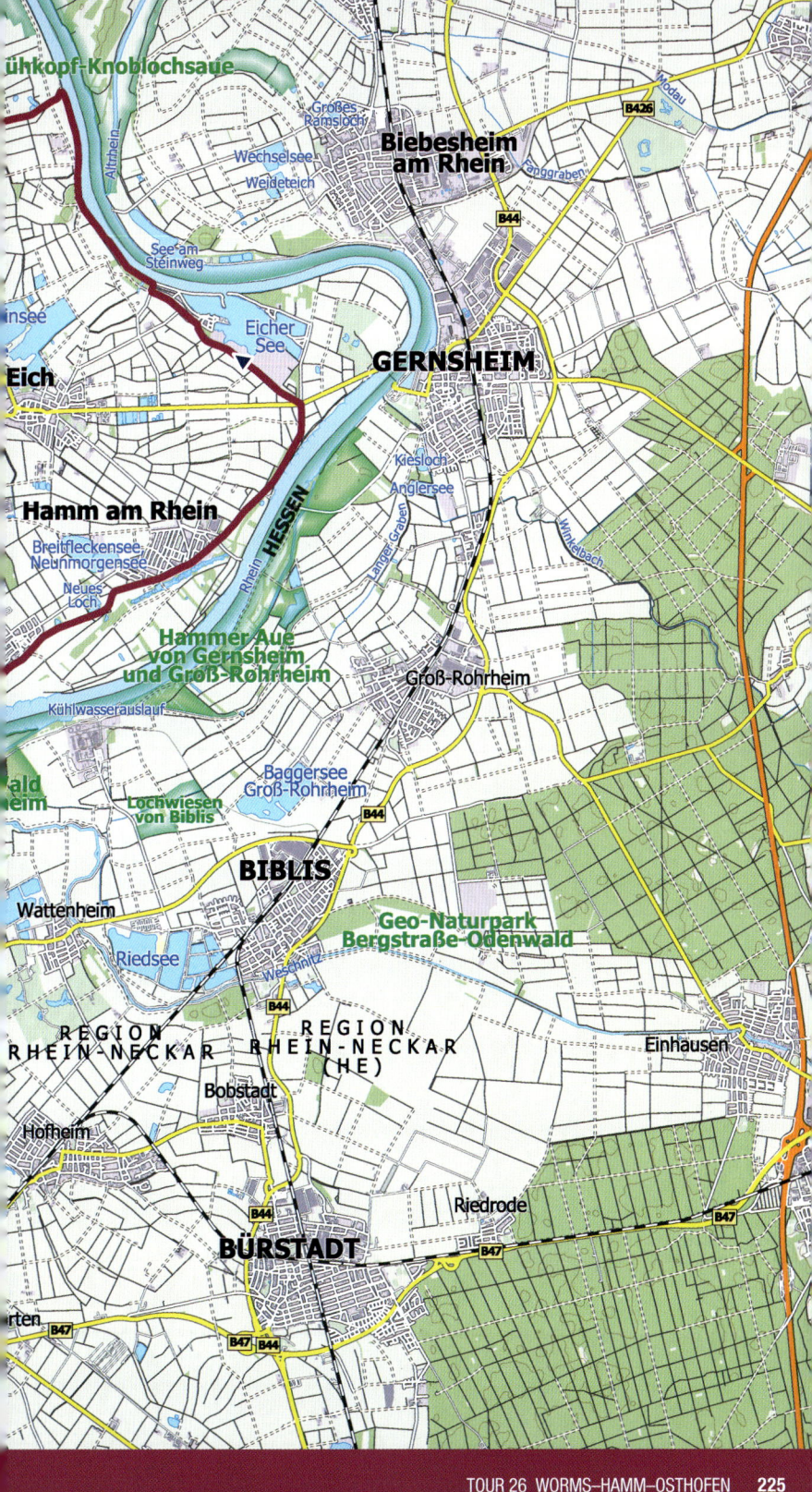

Die beeindruckende Kirche von Frankenthal in der Pfalz

*Durch Rheinauen und Gemüsefelder*

# 27 FRANKENTHAL – ROXHEIM

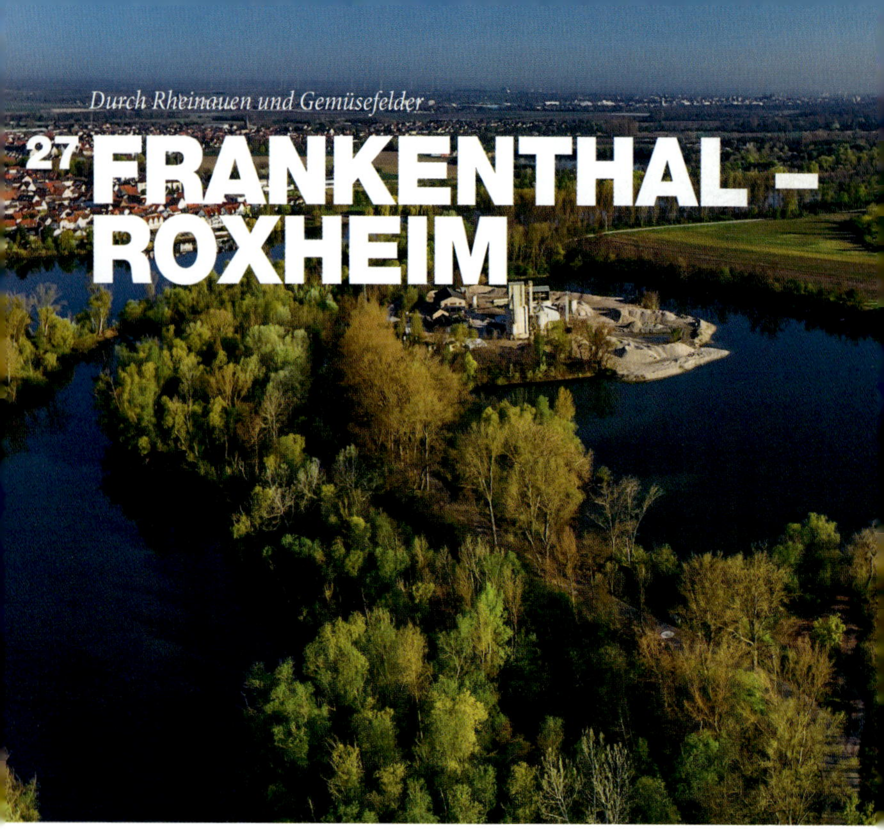

*Start/Ziel*
# BAHNHOF FRANKENTHAL

*Rundtour*
*25,8 Kilometer*
*60 Höhenmeter*

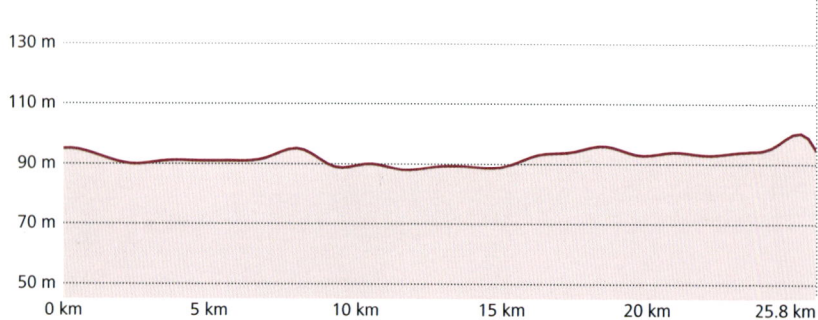

Luftbild vom Silbersee und dem Altrheinarm bei Worms

Vom Bahnhof in Frankenthal durch die Bahnhofstraße und in die Fußgängerzone im Zentrum. Dort links zur Mörscher Straße und auf dem Radweg rechts nach Mörsch.

Hier auf der Hauptstraße bis zur Kirche Heilig Kreuz, dort rechts in den Petersauer Weg, unter der Autobahn hindurch und über die Brücke der Schnellstraße. Danach trifft man auf die Kläranlage der BASF, die man westlich und nördlich umfährt zum Rheinufer. Jetzt auf der Euro-Velo-Route am Rhein entlang zur Petersau und weiter auf der Velo-Route durch die Auenlandschaft zum Oberen Busch (Infostand). Hier verlässt man die Velo-Route und fährt auf dem Wirtschafts- und Radweg zum Naturschutzgebiet vor Roxheim.

Dort links mit dem Schild „Altrheinpfad" (absteigen) zum Silbersee (Baggersee), an der Halbinsel Scharrau vorbei zu den Badestränden.

Geradewegs weiter geht es auf dem Damm zwischen Silbersee und Roxheimer Altrhein nach Roxheim.

Am Altrheinufer gibt es einen Aussichtsturm! Auf der Mörscher Straße durch Roxheim und weiter in der Bobenheimer Straße geht es zur Dorfmitte vom Ortsteil Bobenheim von Bobenheim-Roxheim. Durch die weiterführende Roxheimer Straße, am Ende links abbiegend, die Franz-Voll-Straße kreuzend in die Grünstädter Straße und vor der Bahnlinie links in die

# Highlights
## am Wegesrand

**Skulpturenpfad und Volkssternwarte**
Schlendere entlang des Skulpturenpfads, der weniger bekannte Kunstwerke präsentiert, und besuche die Volkssternwarte für einen Blick in den Sternenhimmel.

**Naturlehrpfad und Aussichtspunkt Heiligenberg**
Erkunde den Naturlehrpfad in Roxheim und erreiche den Aussichtspunkt Heiligenberg für eine malerische Aussicht auf die Umgebung.

**Altrheinarme und Kirschblütenweg**
Entdecke die malerischen Altrheinarme in Petersau und folge dem weniger frequentierten Kirschblütenweg für eine idyllische Naturerfahrung.

Bahnhofstraße. Am Bahnhof durch die Unterführung in die Kleinniedesheimer Straße fährt man beim ersten Aussiedlerhof links auf den asphaltierten Wirtschaftsweg durch die weiten Gemüsefelder westlich der Bahnlinie in südlicher Richtung. Unter der A 6 hindurch geht es geradeaus in die Zeppelinstraße, ins Gewerbegebiet von Frankenthal. Dann in die Industriestraße links einbiegen, unter der Bahn hindurch, rechts in die Wormser Straße zum „Wormser Tor". Dort rechts in die Ringstraße, dann fährt man direkt zum Bahnhof.

Wasserspiele am Badestrand vom Silbersee

Ein Paar sitzt in der Sonne und entspannt sich auf einer Balustrade an der Rheinuferpromenade in Düsseldorf

Die Route für unterwegs
# GPS-Daten zum Downloaden

Du planst und navigierst lieber digital? Für das Navigationsgerät deiner Wahl haben wir alle Touren auf unserer Webseite für dich.
**www.kompass.de/gps**

Damit kommst du direkt zum Download-Bereich. Einfach das richtige Produkt auswählen, herunterladen und auf das Zielgerät oder in die gewünschte App importieren.

 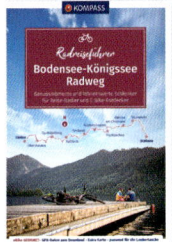 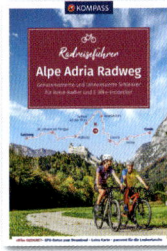 

*KOMPASS-Radreiseführer – der perfekte Begleiter.*

## Weitere Fahrradführer
# Lust auf eine Fahrrad-Reise bekommen ?

Viele der vorgestellten Touren führen teilweise über Fahrradfernwege. Diese führen entlang von Flüssen, der Küste oder rund um Seen. Wenn du jetzt Lust auf mehr bekommen hast, dann ist so eine Tour vermutlich genau das Richtige für dich. Wir haben natürlich genau die richtigen Führer für dich als Begleitung.

In unseren Radreiseführern zeigen wir dir, was es alles abseits der Strecke zu entdecken gibt. Egal, ob gemächlich mit dem Flussverlauf oder ambitioniert über die Alpen – es gibt für jedes Level die richtige Route. Natürlich auch für alle, bei denen der Motor etwas mithilft und so mehr Energie für die Aussicht bleibt.

# Unser
# Autorenteam

Zwischen der Nordsee und den Bayerischen Alpen besteht ein Radwegenetz mit einer Gesamtlänge von rund 75.000 Kilometern. Keine Frage also, dass eine Präsentation der schönsten Fahrradrouten Deutschlands nur im Teamwork möglich ist. Verlag und Redaktion danken jenen Damen und Herren, die das Rhein-Main Gebiet mit dem Fahrrad erkundet und beschrieben haben, sehr herzlich für die gute Zusammenarbeit. Ohne ihr Wissen und ihre Erfahrung wäre die Realisierung des vorliegenden Werkes nicht möglich gewesen!

- Julia Bihar
- Maria Hager
- Maria Strobl

# Impressum

© KOMPASS-Karten, A-6020 Innsbruck (24.01)

1. Auflage 2024    Verlagsnummer 6036    ISBN 978-3-99154-128-8

..................................................................................................................

Titelbild: Bike-Ausflug (© gstockstudio - stock.adobe.com)
Cover-Rückseite: Wanderweg am Kanal (© Friedberg - stock.adobe.com)
Projektleitung: Jeff Reding
Grafische Herstellung und Kartenausschnitte: © KOMPASS-Karten GmbH
Kartenausschnitte: © KOMPASS-Karten GmbH unter Verwendung OpenStreetMap Contributors (www.openstreetmap.org)

**Bildnachweis:** S. 5, 234 © Peeradontax - stock.adobe.com; S. 9 © YesPhotographers - stock.adobe.com; S. 11 © dusanpetkovic1 - stock.adobe.com; S. 14 © Calin Stan - stock.adobe.com; S. 16, 18, 20 © YesPhotographers - stock.adobe.com; S. 24 © Winfried Eberhardt; S. 26 © BNST GmbH; S. 28, S. 30 © Stadtmarketing Bad Vilbel; S. 32 © Andrea Gruber; S. 34, 36, 72, 74, 76, 88, 92, 96, 98, 112, 130, 132 © Dariush Khalilih; S. 40, 42, 44 © Lisa Trarbach; S. 48, 50, 52 © Obsthof am Steinberg; S. 56, 58 © Maria Hager; S. 60 © EKH-Pictures - stock.adobe.com; S. 64 © cameraflights.com; S. 66 © Tom Wolf; S. 68 © Stefan Cop, S. 80, 84 © Bernd Ehlers; S. 82 © Branko Srot - stock.adobe.com; S. 90 © Stefan Maurer; S. 100 © Die Backschaft; S. 114 © Holger Ullmann; S. 116 © Pallina; S. 120 © Stefan Rebscher; S. 122, 124 © Stadt Mörfelden-Walldorf; 126 © Sascha Becker; S. 136 © jensth - stock.adobe.com; S. 138 © Stephan Dinges - stock.adobe.com; S. 145 © Claudia Nass - stock.adobe.com; S. 146, 148, 172 © fotografci - stock.adobe.com; S. 152 © Woody T. Herner; S. 154, 156 © Romantischer Rhein Tourismus GmbH; S. 160 © Lukas Görlach - stock.adobe.com; S. 162 © reisezielinfo - stock.adobe.com; S. 164 © lotharnahler - stock.adobe.com; S. 168 © Stephan Dinges - stock.adobe.com; S.178 © Sina Ettmer - stock.adobe.com; S.180 © Ilhan Balta - stock.adobe.com; S. 184, 188 © Odenwald Tourismus GmbH; S. 186 © Dirk A. Diehl; S. 200 © Igor - stock.adobe.com; S. 202, 204 ©Joachim - stock.adobe.com; S.207 © Joerg - stock.adobe.com; S. 218 © Marc Braner - stock.adobe.com; S. 220, 228 © Mathias Weil - stock.adobe.com S. 226 © modernmovie - stock.adobe.com; S. 230 © Deutsche Weinstraße; S. 238 © Alina Isakovich - Fotolia

Alle Angaben und Routenbeschreibungen wurden nach bestem Wissen gemäß unserer derzeitigen Informationslage gemacht. Die Tourenvorschläge wurden sehr sorgfältig ausgewählt und beschrieben, Schwierigkeiten werden im Text kurz angegeben. Es können jedoch Änderungen an Wegen und im aktuellen Naturzustand eintreten. Radfahrer und alle Kartenbenützer müssen darauf achten, dass aufgrund ständiger Veränderungen die Wegzustände bezüglich Befahrbarkeit sich nicht mit den Angaben in der Karte decken müssen. Bei der großen Fülle des bearbeiteten Materials sind daher vereinzelte Fehler und Unstimmigkeiten nicht vermeidbar. Die Verwendung dieses Fahrradbuches erfolgt ausschließlich auf eigenes Risiko und auf eigene Gefahr, somit eigenverantwortlich. Eine Haftung für etwaige Unfälle oder Schäden jeder Art wird daher nicht übernommen. Für Berichtigungen und Verbesserungsvorschläge ist die Redaktion stets dankbar. Korrekturhinweise bitte an folgende Anschrift:

**KOMPASS-Karten GmbH**
Karl-Kapferer-Straße 5, A-6020 Innsbruck
www.kompass.de/service/kontakt

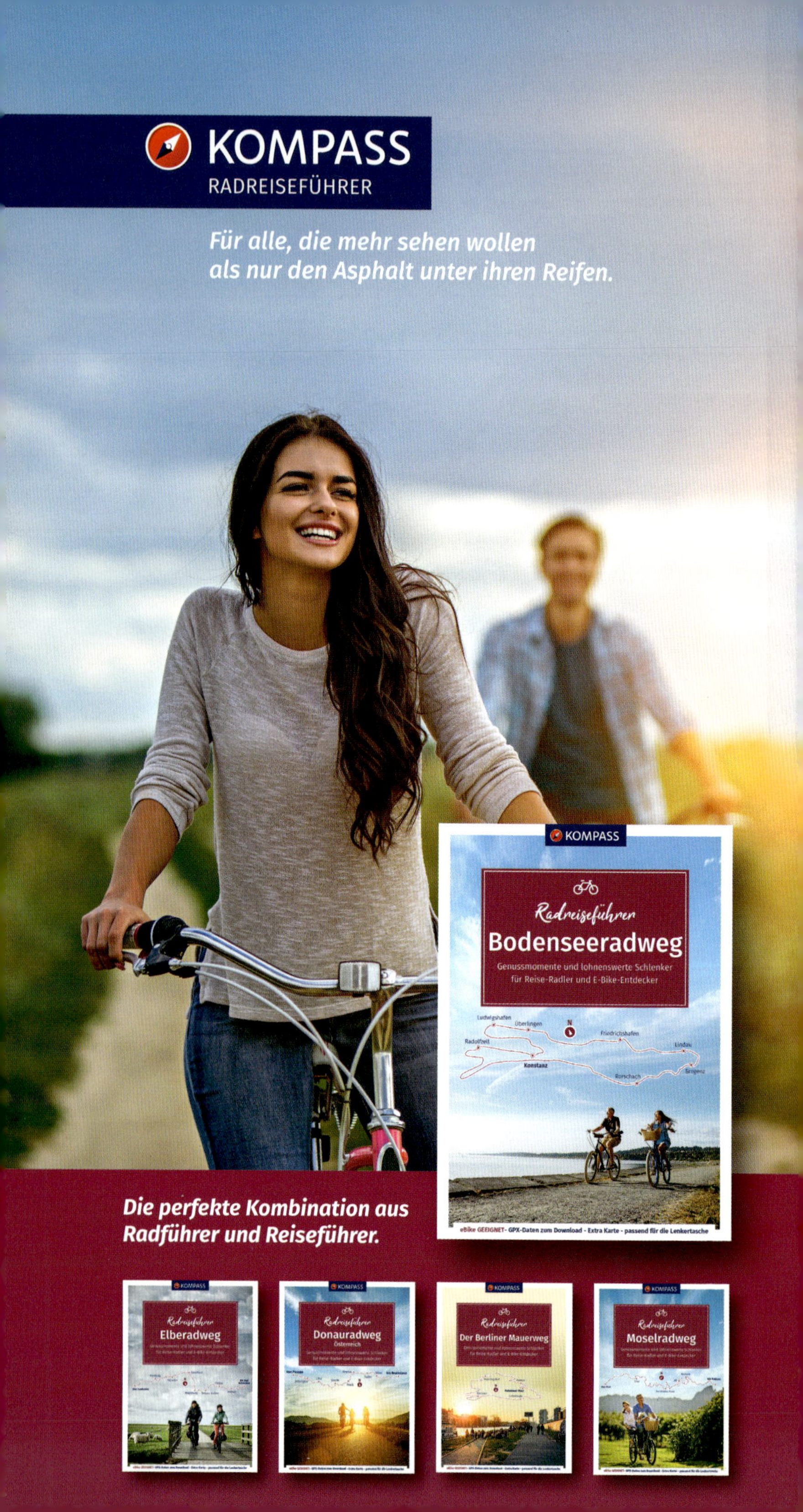

# KOMPASS
## RADREISEFÜHRER

*Für alle, die mehr sehen wollen als nur den Asphalt unter ihren Reifen.*

**Die perfekte Kombination aus Radführer und Reiseführer.**